DIME CON QUIÉN VAS

JOSEP SANDOVAL

DIME CON QUIÉN VAS

Anécdotas y secretos de famosos

Planeta

Diagonal, 662-664, 08034 Barcelona (España)
www.editorial.planeta.es
www.planetadelibros.com

Primera edición: marzo de 2012
Depósito Legal: NA. 215-2012
ISBN 978-84-08-00398-4
Composición: Víctor Igual, S. L.
Impresión y encuadernación: Gráficas Estella, S. L.
Printed in Spain - Impreso en España

El papel utilizado para la impresión de este libro es cien por cien libre de cloro y está calificado como **papel ecológico**

Índice

A modo de reflexión

Una vez le pregunté a una colega cómo había llegado a ser amiga de la baronesa Thyssen y qué se sentía cuando iban de compras y la aristócrata se llevaba un Goya a casa mientras que en la bolsa de ella sólo había espacio para un vestido de Custo. Me dijo que no tenía nada que ver, que la amistad era otra cosa. Al cabo de dos días la baronesa la negó en una entrevista televisiva. No se han vuelto a ver. Ni a hablar. Tampoco me aclaró nunca cuál era la otra cosa que convierte una relación en amistad.

Amistad

Las leyendas nos distraen de este pasar breve que es la vida. Como me gusta el cine, suelo pensar que es una película que empieza y termina en un fundido en negro compuesta por cientos de cortometrajes de los que somos protagonistas. El final, dado que somos autores de los guiones, también lo elegimos nosotros, dueños y señores de las historias. Así que todo lo que nos pasa es absolutamente de nuestra responsabilidad. Lo del destino y demás filosofías está bien para que Woody Allen haga una película: *Poderosa Afrodita* es el mejor ejemplo en este caso. Y si por cobardía, que no es otra cosa, no afrontamos las dificultades que se nos presentan, pues a fastidiarse tocan, a soportar al jefe, embarcarse en formar una familia, hipotecarse y todo lo demás hasta que llega el fin.

En esta nuestra película tiene que haber tiempo para todo, incluso para dejar huella de que se ha estado aquí. *I Was Happy Here* sería un buen título si no fuera ya el de una película.

Como no estoy por la labor de plantar árboles, que

sería la fórmula que mejor impresión daría a los demás, ni por tener un hijo que el día de mañana abominara de mí, esto de escribir no está mal. Ejercer la profesión tantos años, unos treinta y tres en *La Vanguardia*, me da cierta práctica y notable agilidad en el teclado, que siempre he tocado a dos dedos.

He empezado por el final, o sea, comprándome un nuevo ordenador. Y para seguir invirtiendo, que es una manera de que los beneficios sean mejores, le he pagado un billete de avión a mi amigo Jordi, que vive en Palma, para que me lo ponga en marcha. Con tanto *low cost* me ha salido más barato que contratar a un técnico, que están por las nubes, y cualquier aclaración o duda la cobran aparte. Con el desastre mecánico propio me hubiera gastado un dineral antes de escribir una línea.

Bien, ya tenía el ordenador. Y ahora, ¿qué? ¿Por dónde voy? Y ahí me atasqué. Primera contradicción: el destino apareció sin que yo hiciera nada por encontrarlo.

Verán.

Todo empezó un soleado mediodía que nos regaló un 23 de abril. Había almorzado con mi amiga Merche en el restaurante Oliana —deliciosa Ana, excelente cocina—, y decidí acercarme hasta la plaza de Cataluña porque en este día de gracia que es el 23 de abril se celebra en estos pagos Sant Jordi.

Es una de las leyendas de las que hablaba al principio, esas que ayudan a distraer. Y a gastar, que de propulsar la economía se trata, aunque sea con dos objetos a priori tan enanos, un libro y una flor. Las editoriales tiran la casa por la ventana y ponen a sus escritores bajo carpas firmando ejemplares de sus obras. Los que más cola tienen son los más mediáticos, aquellos que disponen de un espacio fijo en televisión, una televisión popular donde impera el grito y el desacato, la violencia y el descaro. Lo fácil es suponer que con tanto ajetreo estos personajes no tienen tiempo para nada más —debe de ser estresante tanto lío dialéctico—, pero todos están ahí, con su novelilla, vendiendo, que es de lo que se trata, y dejándose fotografiar al lado del comprador.

Mi interés en visitar una de las carpas era comprar *El experimento Barcelona*, firmado por dos compañeros de redacción, Eduardo Martín de Pozuelo y Jordi Bordas, aunque este último se decantó por la vida contemplativa de la prejubilación. Había gente en su *stand*, me colé por detrás y comprobé en primera persona el efecto macrobiótico que supone estar frente a los que esperan tu firma. Ellos me presentaron a una guapa muchacha de nombre tan atractivo y exótico como su rostro. Pensé que era una conquista, pero resultó ser la editora. Se llamaba Mia, y era de rostro afilado y elegante, una gacela entre letras con melena ordenadamente desordenada. Conocía mis artículos y me había visto en televisión, donde he pasado por los platós de casi toda España. Curioso: he cobrado de todas menos de TV3, donde nunca me han dado trabajo y todas las apariciones que he efectuado han sido colaboraciones a las que he sido «invitado». La última, la retransmisión en directo de la boda del príncipe Guillermo y Kate Middleton para el canal 3/24. Dicen que no tienen dinero, pero el chófer de la gran jefa de la casa esperó desde las nueve de la noche hasta la una de la madrugada a que terminase una cena donde cinco amigas se habían reunido para recordar al compañero Josep Maria

Baiget, excelente crítico del medio televisivo. Y no creo que ella abonase de su bolsillo las horas extras, que no era cena de trabajo.

Bueno, Mia me propuso lo del libro y, raramente, le dije que sí. Había tenido otras propuestas, pero aparcaba la idea, no confiaba. O me aburría. O no me atrevía. La edad tal vez me haya devuelto la inconsciencia de la juventud, y esta vez acepté.

Ahora venía lo peor: elegir el tema. Tenía en mente una novela negra, macabra, sobre una mujer amargada que aparece, ya de entrada, como muerta vegetal. No estaba mal. Sin poder mover más que los ojos, estaba sentada en una silla de ruedas frente a una ventana, en una casa solitaria en las costas británicas, en el canal de la Mancha, desde donde no hay otra vista que un desolado y árido campo, con el ruido del mar que se intuye cercano, pero no se ve. En la habitación, esta indigna mujer, que lo es, tiene a su derecha un reloj con péndulo que martillea el tiempo segundo a segundo. Y a su izquierda un cuadro hiperrealista interpreta la misma imagen que se puede apreciar por la ventana. Con una diferencia: en el cuadro la luz es de tormenta y en la realidad, en aquel nulo paisaje a veces sale el sol. A partir de esa situación explicaba al lector cómo había llegado esa mujer a tal estado. No era el destino, sino ella misma, como yo ya estaba seguro, quien había trenzado los mimbres de su tránsito.

El otro tema era mucho más divertido. Contaba el viaje de unos jóvenes desde Barcelona hasta Persépolis, donde nunca llegarán. Éste debía novelarlo mucho, añadir humor y cambiar identidades, creando situaciones y personajes nuevos porque, como habrán adivinado, está basado en hechos reales.

Con la idea del libro en la cabeza abandoné la literaria carpa y acompañé a mis amigos autores hasta otra, donde, entre otros, se hallaba un personaje encumbrado a la celebridad por ejercer de jurado en un concurso televisivo de jóvenes valores. Tan jóvenes y con tantas ansias de triunfar que aceptaban la humillación de sus palabras como parte del juego. A pesar de ello su integridad física jamás fue dañada. Tras su paso por el concurso de aspirantes a estrellas, del que fue despedido, el señor en cuestión tuvo otro programa en la misma tesitura, pero al enfrentarse con el mismo tipo de comentarios a políticos, empresarios y otras camadas de mayor enjundia, lo clausuraron en un pispás. Ahora ha vuelto a ser jurado en otro programa, sigue con su profesión de publicitario (Dios, ¿quién seguirá los consejos de un tipo tan malcarado y aparentemente desagradable?), y hace libros siempre detrás de sus gafas de sol y de una postura que, quienes dicen que le conocen, o se jactan de ser sus amigos, aseguran que es falsa, sólo una buena interpretación. Buena, de verdad, lo era. Yo llegué a creerle estúpido, aunque no le conozco de nada.

Enfilé el Paseo de Gracia en ese día de amor y lectura, y, sin rosa, pero con el ejemplar de *El experimento Barcelona* de mis amigos. Curioso, he repetido la palabra «amigo» en varias ocasiones en las últimas líneas. ¿Premonición? No sé, pero ahí saltó la chispa. Sorteaba el paseo entre cientos de personas que, invariablemente, llevaban el libro y la flor. Y niños. ¡Dios mío, cuánta criatura suelta y recién nacida! Cuán grande debe de ser la confianza en bancos y políticos de estos nuevos padres si creen que a sus hijos les va a ir mejor. ¿Les enseñarán a participar en concursos televisivos? ¿Venderán sus vísceras en el mismo medio? ¿Les enseñarán desde niños a gastar en llamadas a esos mismos programas por si les tocan unos miles de euros? Otra salida no se vislumbra por el momento. En fin.

Seguía sorteando personas, tratando de no quemar a nadie con mi cigarrillo (yo fumo) y le empecé a dar vueltas a la idea de la amistad. Era el motivo por el que había comido con mi amiga Merche y no con otra, por el que había comprado ese libro y no el de cualquier otro colega de profesión, que haberlos, habíalos (permitan la licencia). No sé por qué causa. Tal vez una: yo soy muy dado a creer que la amistad es una empatía espontánea que deben segregar unas glándulas no conocidas. Sin quererlo, esos fluidos traslúcidos nos acercan más a unos que a otros, creando unas dependencias emocionales difíciles de definir. Y eso, al menos a mí, sensible y falto de afecto, me pone, hace que me vuelque hacia los demás en un ejercicio desprovisto de egoísmo de resultados totalmente contradictorios. Hacerme bueno a los demás me hace creer que los demás agraciados deben serlo conmigo. No es «la definición», pero es «mi definición».

Dado que en mi trabajo las relaciones humanas son constantes, frecuentes y habituales, se ha creado o me he creado un círculo vicioso en el que todo aquel que lo atraviesa ya creo que es mi amigo. A la larga, y por más que me empeñe, resulta que no. Que de eso nada. Siempre hay un trasfondo, velado, de intereses. Mi esfuerzo no sirve para nada. Siempre me siento frustrado. Y eso es, sencillamente, frustrante, y disculpen esta broma. Así que, explicados los motivos, pasemos a hacer algunas amables autopsias acerca del fenómeno: ¿por qué le llaman amistad cuando quieren decir interés? Y empiezo por una de mis primeras afectadas. La misma Ana García Obregón.

Ana Obregón

Así la llama su madre. Ella es Ana García, la Obregón para el pueblo que tanto la admira. Una mujer pura fantasía virgen. Llega a creerse las historias que cuenta, que, miren por dónde, muchas de ellas tienen un poso de verdad, un fondo. En abstracto nunca miente, lo que pasa es que su modo de ver las cosas es especial: coinciden los puntos básicos, lo que falla es el entorno, la envoltura de ese regalo que para ella son las cosas de la vida. Un ropero con accesorios a juego que cambia a diario, incluso varias veces. Un día le pregunté qué hacía con tanta ropa (nunca repite; si acaso, unos zapatos) y me contestó que lo daba a un ropero católico. O sea, que si algún día ven a alguien mendigando con un traje de Chanel o Versace no crean que es robado, es simplemente una limosna de Ana. Y no olviden la caridad.

La conocí hace mil años. Antes de seguir, una advertencia: no contemplo el paso del tiempo, para mí es un accidente, una casualidad, que las cosas sucedan en un momento u otro. Lo que me importa es la intensidad del hecho. Por lo que no habrá fechas, o pocas, de lo que cuente. Compárenlo todo con la inmensidad del universo. Y retomo a Ana.

Empezó a pasear por mi vida como modelo y, como tal, llegó a Barcelona. Por la ropa que recuerdo llevaba sería primavera u otoño. Miren si hace tiempo de esto que las estaciones se medían por el clima, y no como ahora, que puede nevar en marzo. Cuando Ana llegó era entretiempo. Yo estaba almorzando en un restaurante del Paralelo barcelonés, uno que está —o estaba— cerca de la Estación Marítima. Era en un altillo y había bastantes mesas. De repente todos miraron hacia la puerta y allí estaba ella. Joven, morena, el pelo recogido en una trenza encima de la coronilla. Llevaba unos *leggins* de estampado felino, rompedor para la época, y una cazadora de cuero rojo. En las orejas, unos aros dorados (seguramente de oro, que en casa García hay posibles). Sobre unos tacones de vértigo, unas piernas insinuaban formas provocativas, pero dentro de un orden. Nos quedamos boquiabiertos. Ella, que iba con una amiga en la que nadie reparó, pegó una mirada en general y me preguntó (elegido yo al azar porque era el que más cerca estaba de la puerta) por alguien de la organización del desfile que venía a hacer, que le habían dicho que estaban allí. Le indiqué quiénes eran, me dio las gracias y se sentó con ellos. En la mesa nos preguntamos quién sería y fuimos a ver «su» desfile. No pasó nada especial. En pasarela fue una más, quizá trató de hacer mohínes frente a los fotógrafos, pero no acaparó más *flashes* que las demás. Realmente, de cerca era otra cosa mucho más especial.

Pasaría algún tiempo antes de que volviera a verla.

Fue en Bocaccio, la que fuera casa mayor del reino de la alegría barcelonesa y crisol de tanto encuentro cultural, desencuentro amoroso y cuna de un dorado modo de contemplar la política. La seña de identidad (*gauche divine*, inventada por Joan de Sagarra) lo decía todo.

En aquel tiempo, Ana, siempre en su papel, se había vuelto modosita. Llevaba una falda con tirantes y un jersey ajustado. No era la *sexy boom* de la otra vez, sino una colegiala aplicada que esa tarde disponía de un rato de asueto. La acompañaba un actor jovencito, un querubín con alas de esos que en Estados Unidos fabrican en serie. Se llamaba William Aames y era uno de los protagonistas de la teleserie de éxito *Con ocho basta*. Los dos formaban parte del reparto de *Goma 2*, un producto globalizador de José Antonio de la Loma, maestro en esto de vender cine español al extranjero gracias a mezclar en el reparto. Nombres que sonaran en el mundo al lado del producto nacional.

Ana iba haciendo películas y yo seguía mi camino, escribiendo. La verdad es que no sé cómo surgió nuestra relación, pero nos fuimos conectando. Y empezamos a vivir aventuras conjuntas. Ana venía a Barcelona y comíamos juntos. Estaba tratando de hacer una carrera americana que nunca prosperó y no por falta de interés o voluntad. Hablábamos de vez en cuando, me felicitaba las Navidades, una vez con una impresionante foto suya, tan digna, en una actitud tan impresionante que hubiera podido ser el póster de cualquier producción en blanco y negro. Era el tiempo americano, aquel en el que hasta el soñar, que normalmente es gratis, le costaba dinero.

Vivía en Los Ángeles, compartía un apartamento con una amiga y gracias a un buen agente la llamaban a todos los *castings*, pero no lograba ningún papel. Incluso la convocaron para *A Chorus Line* para encarnar a la latina Diana Morales, la chicana que al interpretar no sentía nada («I Felt Nothing»). No hizo el filme, pero peor fue lo de la siguiente prueba.

Cuenta Ana que para llegar con el atuendo adecuado a una prueba, se vistió de prostituta callejera y salió a la calle a las seis de la mañana para pillar un taxi que la acercase al estudio. Apareció la policía, la confundió con una trabajadora del amor y la detuvo. De la comisaría la sacó Julio Iglesias, gran amigo de los García Obregón, que entonces vivía en el 1001 de Bel Air Place, el domicilio con el que tituló uno de sus álbumes. Para evitarle más problemas, él la invitó a compartir su casa. Ana juró que nunca pasó nada y la creo: en el capítulo dedicado al cantante veremos cómo son sus apetencias: rubia, dócil, conformista, educada para amar y, si Julio quería, tener niños. Ana no encajaba en ninguna de esas apetencias. Poco a poco, nuestra chica logró un papel en *El equipo A*, teleserie de éxito, destino de prueba para otras actrices españolas donde sólo una, Assumpta Serna, ha logrado superar el récord de un episodio que han hecho las otras. Serna (nacida Assumpta Rodés) tuvo personaje fijo durante seis capítulos en *Falcon Crest.* Hacía de italiana y moría de cáncer: la mataron en el sexto. También Eva Cobo hizo uno de *Medias de seda* y Lorena Bernal otro de *CSI Miami*.

La suerte para Anita le llegó de la mano de John Derek, que preparaba *Bolero* para lucimiento de su esposa Bo. Jamás me contó cómo se hizo con el papel, pero lo salvó muy bien. Tengo que mirar si se puso pecho antes o después de rodar el filme, porque hizo otra película —*Policía*, con Emilio Aragón— donde lo mostraba y era realmente bonito, pero pequeño.

Da igual. Ana hizo la peli y en otro de sus viajes a Barcelona almorzamos en la Barceloneta. Solete, el mar al lado, calor y paella. Estábamos en Cal Pinxo, donde Pepito me cuidaba como un hermano mayor. Historietas de actriz que ya ha rodado en Hollywood se mezclaban con mi curiosidad y las gambas. Entonces ocurrió. Hablando de paella, Ana empezó a contarme que había conocido a Steven Spielberg, que le hizo una en la playa de su casa en Malibú. Yo me lo creía o no. Años después, cuando entrevisté al magnate del cine en su despacho de los estudios Universal, no fue necesaria la pregunta porque ya sabía la respuesta. Aquel día en la Barceloneta a Ana se le cayó el enorme bolso al suelo. Y de allí salieron, accidentalmente, las fotos de la paella, la noche, Steven y ella. Debía de haber más gente, porque había vasos y platos muy en forma de picnic para ricos. En aquel bolso estaba todo.

Pero había más. Del bolso de las delicias se cayó un guión. En la portada, el título, *Moscu on the Hudson*, y leí: «*Starring Richard Gere and Ana Obregón.*» Me dijo que era su nuevo proyecto... pero que luego haría otros. Pero fueron Robin Williams y María Conchita Alonso quienes protagonizarían *Un ruso en Nueva York*, título del filme a la hora de su exhibición.

Ay, Ana, Anita, Anushka. ¿Me contabas todo aquello porque éramos amigos? ¿Para que lo publicara? ¿Porque estabas sola? Nunca se sabe dónde empieza y termina esa definición que marca la diferencia, la señal de salida entre los sentimientos.

Que Ana es muy suya. Y del mismo modo que cuenta, del mismo modo calla. Hace ya unos años ella disfrutó (un suponer) de una relación, imagino que breve, con un señor que en aquel momento ocupaba un cargo en un organismo público en Barcelona. Él estaba casado y mantenía el romance o lo que fuera (un aquí te pillo, aquí remato), supongo que breve, a intervalos. Y esos intervalos sucedían dentro del coche de un amigo común que aparcaban en uno de esos miradores que se hallan a la vera del Tibidabo, el parque de atracciones barcelonés. Quien más o menos conozca la ciudad sabrá del lugar, lo habrá visitado o, simplemente, habrá echado una miradita cuando al pasar descubre una ristra de coches, aparcados uno al lado del otro, ni muy pegados ni muy separados, lo justo para autoprotegerse en caso de alguna visita inesperada. Aunque están parados, los vehículos parecen tener vida propia por los impulsos que hacen reconocible la intensidad de la relación interior. Los coches, por dentro, son cajas de vaho de las que escapan murmullos y música. Y, la imaginación al poder, un conocido mío, de escasos recursos, para contentar a su pareja que quería eso, hacerlo con música y copas, no tuvo más remedio, si quería consumar, que llevarse un tocadiscos de los llamados bocadillera, un artilugio con una ranura por la que se introducía el microsurco. Estas denominaciones de origen podrán situarles en la época. Lo de las bebidas lo resolvía con una nevera portátil. Y todo esto en la parte trasera de un 600, que era también tálamo ocasional. Un lío. Pero funcionaba. Porque cuando hay voluntad, hay éxito.

Volviendo al *asunto Ana*, un buen día publiqué la relación obviando el nombre del afortunado, que ya se sabe que, sin pruebas, esta gente que manda te envía al paredón. Y la única de la que disponía era la del dueño del coche, que era prestado para que nadie sospechara, pero que tampoco iba a largar por la amistad con ambos. Preguntarle al coche, pues como que tampoco. Así que lo escribí sin poner las iniciales, que ahora se lleva. Sólo una soltaré hoy, la del dueño del coche: es una «A». No insistan, es un nombre inusual, poco corriente, vamos, que no es Antonio, ni Abel, ni Anselmo, ni Avelino.

Bien, Anita lo leyó y, sibilina, aprovechó la primera oportunidad para negar el hecho. Y, de su puño y letra, y publicado a modo de diario íntimo, en el suplemento dominical de un periódico de tirada nacional, la chica dijo que sobre ella se mentía mucho. Sin citarme, reprodujo la anécdota, limitando el hecho a la relación y obviando detalles (coche, mirador, etc.), y dejándolo sólo en el cargo político del señor. Porque si una tiene un amante, aunque sea para desmentir que lo tiene, lo mejor es explicar la importancia del individuo. Pero ella, el señor, el coche, «A» y el mirador saben que es verdad. A mí me lo contó A., que no es Ana, por supuesto.

Era aquella una época feliz y un cargo que levantaba pasiones. Otro ejemplo, éste mucho más sofisticado. En la misma tesitura del asunto, concretando, en el mismo cargo que el pretendiente de Ana, hubo otro señor que conquistó a Sylvia Kristel, la Emmanuelle genuina. Lo contó la propia Sylvia muchos años después cenando en un restaurante chino en Barcelona, invitados por Dominique, un amigo común, que vivía entonces con Alicia Moro. Tras la sorpresa, reímos un rato.

Probablemente Ana volverá a enfadarse, aunque tardará en saberlo, porque ahora dice que vive en Miami, cerca de donde estudia su hijo, aquel tremendo bebé que me mordió en una pierna el día que, en aguas de Formentera, los García Obregón nos invitaron, de barco a barco (yo iba en el del cirujano plástico Antonio Tapia y su esposa, Mamen), a tomar el aperitivo. Sólo poner el pie en cubierta, el niño, pues tendría siete u ocho años, se lanzó a la pierna de un servidor ante la desaprobación del resto de la familia, que debía de estar hasta el gorro de las tonterías del consentido.

Como se dice hoy en día, Ana es una tía muy maja. En otra ocasión nos invitaron a visitar las bodegas de Moët Chandon en Reims. En el *jet* privado íbamos Alfonso Ferrer, representante de la firma en España; el desaparecido Oriol Regàs y su entonces pareja Dolly Fontana, la reina de las noches de Barcelona; el fotógrafo Toni Riera y, por supuesto, Anita. Yo también iba, claro, aprovechando el chollo de tener que escribir luego el trayecto. Ana llegó al aeropuerto del Prat vestida a la moda *cowboy*, sombrero incluido, y con un cargamento de maletas como si iniciara la vuelta al mundo. Y eran cuatro días entre Reims y París. Pero allí estaba ella, con el maletero arrastrando la carretilla. Y de ahí al avión. Champán de cortesía que no nos abandonaría hasta el regreso. Nada nuevo en el vuelo, nos conocíamos demasiado y a veces eso, como la nostalgia, es un error.

Como en un *forfait de luxe*, llegada, recepción, cena

y alojamiento. Refinamiento exquisito, el castillo impresionante y el barón propietario o cabeza visible de la propiedad (que esas marcas, como todo en esta vida, siempre están en manos de otros y uno es sólo eso, la cabeza visible). Para la cena, modelazo de Ana, con joyas a juego. A la hora del café nos enseñaron cómo abrían las botellas de champán los soldados tártaros. Para no perder tiempo las descorchaban a golpe de sable. Nos dejaron probar, pero no fue hasta que llegó el mayordomo experto, atracción incluida en la fiesta, que abrió no una sino varias; un desperdicio, que no tenían pinta aquellas gentes de usar el sobrante, que eran litros, para cocinar o hacer vinagres. Café, copa, puros y a la cama. Habitaciones regias, de inquietante sobriedad, cama con dosel y muebles con solera: los ricos de verdad siempre se han rodeado de lo mejor, con excepciones. Algún día les contaré algunas residencias.

Luego a la cama. Rodeado de antigüedades busqué un teléfono y una tele para acabar de dormirme, y no los encontré. Bajé y localicé al mayordomo, quien amablemente, pero con distanciamiento, me dijo que no había ni teléfono ni televisión porque aquello no era un hotel sino un castillo, y yo no era un cliente sino un huésped. Me quedé sorprendido porque yo, que no vivo en un castillo, dispongo de las dos cosas al lado de la cama.

Al día siguiente el desayuno fue en el jardín. Bruma matutina para un ágape delicioso. La mantequilla se fundía con el verde del césped, que a esa hora de la mañana lucía un brillo húmedo que se perdía en el horizonte. Tranquilidad absoluta de mermeladas y cruasanes, silencio roto por el tenue ruidillo de las cucharillas deshaciendo el azúcar. Nadie decía nada, respetando el mágico e inhabitual (para nosotros al menos) silencio del que disponíamos. Hasta que apareció Ana con atuendo deportivo, saludando hasta a las armaduras. Venía alterada. Se sienta y suelta que alguien, presumiblemente el barón, la había perseguido por los pasillos con ojos golosos. Y que, dado que la habitación no tenía cerradura, tuvo que atrancar la puerta con un arcón, por lo que no ha podido descansar tranquila, temiendo cualquier cosa, que ella denominó así las presuntas pretensiones del noble pretendiente. Rieron hasta el césped y las flores del florero, rojas, amarillas y azules, dispuestas en jarrones de cristal, tal vez Baccarrat.

Esa misma mañana salimos hacia París en una Vanette de *luxe*. En el trayecto Ana se convirtió en guía estrella de la exposición. No sólo describía paisajes con gracia, sino que nos machacó con su canción favorita en aquellos días, «Another Day in Paradise», de Phil Collins, un tema precioso que llegué a odiar a pesar de las buenas intenciones de la chica y de la excelencia de música y letra.

Llegamos a París y todo fue un paseo de tiendas, pero no de grandes marcas como era de suponer, sino *prêt-à-porter*, de lujo eso sí, pero nada de gastos excesivos. La fiesta de la noche devolvió a la estrella a su categoría de superestrella. Se puso un vestido amarillo de una seda rígida, con generoso escote. Fallaba el largo, perdón, el corto de la falda, que, situada por encima de la rodilla, demasiado por encima, mostraba sus piernas estilo garza trepadora, la parte de su cuerpo que sin posibilidad de cirugía, tenía imposible solución. Pisó fuerte la entrada de Chez Castel, la mítica discoteca que había redecorado

Philippe Starck a la manera de plastificado castillo medieval. La localización nos recordó la nobleza del que acabábamos de abandonar y nos remitió al pensamiento de que cualquier tiempo pasado fue mejor. Al menos nos había remitido a otra época a partir de sus nobles elementos decorativos, del entorno estratégico y de las situaciones de las que han sido testigo sus adamascadas paredes, sus maderas nobles y sus cristaleras de color. Todo ello nos hizo sentir en otro momento, casi en otra vida. A lo que ayudaba el que no hubiera teléfono ni televisión. Y que además un barón, que tal fuera un fantasma, anduviera detrás de la guapa del grupo, con permiso de Dolly Fontana. El tiempo dirá si el castillo de Starck habrá sido capaz de superar sensaciones y tentaciones.

Ana, en el centro de la pista, aglutinaba miradas. Bailaba de un modo sensual y elegante, estilosa, y compartía su danza con todo el mundo que la estaba mirando, a quienes regalaba sonrisas sin sombra de interés. De repente, con una copa de champán, Moët por supuesto, subió a la cabina del disc-jockey y le pidió algo. En unos minutos sonó la discografía completa de los Gipsy Kings. Y entonces, en Chez Castel, aunque estaba a reventar, sólo brillaba Ana, envuelta para regalo en aquel oro amarillo que se movía por la pista cual danza de los deseos. Luego, Ana se perdió, la perdimos. O sea, que volvimos al hotel sin ella. A la mañana siguiente los planes se trastocaron. Ana seguía sin aparecer y Alfonso Ferrer, nuestro anfitrión, recibió una llamada que le hizo regresar de inmediato a Barcelona en un vuelo regular. Nos dejó una nota avisándonos, pero olvidó decirnos en qué aeropuerto estaba nuestro avión.

Estábamos haciendo gestiones cuando llegó Ana, con cierto malhumor, y empezó a llamar por teléfono. Al principio dijo que no tenía ni idea de dónde estaba el *jet*. Pero tras una llamada que la dejó mustia, nos dijo seria: «Vuelvo con vosotros y el avión está en el aeropuerto de Le Bourget.» Al parecer tenía planes de quedarse, pero al fallar nos solucionó el regreso. Y así volvimos, sin preguntar, y ahogando nuestras penas con Moët: en el avión no había otra cosa.

La llegada fue como todos los regresos, con un punto de tristeza que Dolly Fontana resolvió con habilidad. Ella y Oriol nos invitaron a una paella en el Tropical, que era un club superpera que Regàs había abierto en Castelldefels, lo que pudo ser el Malibú catalán si a los catalanes les hubiera dado la gana. Era un espacio fabuloso con todos los ingredientes para sentirse feliz. Un interior fantástico y luminoso, una piscina del mejor azul, tumbonas, vestuarios, duchas, bar espléndido y restaurante exquisito. El mejor servicio de camareros completaba la oferta, que no era otra que prolongar las atenciones del Up & Down, el club de Regàs en la ciudad con Dolly en las relaciones públicas, punto nocturno de reunión de lo mejor de la sociedad catalana, que tenía allí la referencia y el refugio adecuado: se conocían todos, se guardaban los secretos, y crisol de relaciones colaterales por decirlo de modo fino. Era pues muy a la catalana, elegante, discreto, *chic*, muy bien atendido. Todos se sentían señores porque la gran mayoría lo eran. Up & Down lograba que cada noche la ciudad viviera su vida nocturna en las coordenadas que toda la clientela necesitaba.

Pues bien, Tropical era lo mismo, pero a la luz del

sol. Originariamente había sido propiedad de Marc Martí, empresario *chic*, con esposa alemana, un encanto, y dos hijas, a cual más impresionante, estilosas, listas y perfectas. Para hacerlo breve, una, Inka, prestó a televisión su presencia y su cultura, rara mezcla que cuando se construye con datos como los suyos ya es un regalo. La otra hija, Ana, cuando dejé de verla era la abogada del Zoo de Nueva York, y no acabó ahí su carrera, por lo que luego me contaron. A ella no la veo, pero con Inka he coincidido alguna vez en el aeropuerto, cuando, separada de Gay Mercader, sobrino de Vittorio de Sica, se había casado con Jacobo Martínez de Irujo, hijo de la duquesa de Alba, y separado de Eugenia Martínez de Castro. Inka cambió la bohemia del rey de los conciertos por la más reposada del emperador de las letras, no en vano el bagaje cultural del caballero Jacobo les llevaría a emprender aventuras literarias de nivel. El paisaje fue lo único que no cambió para Inka, pues tanto el novio saliente como el marido entrante disponen de masías en el Ampurdán.

Volvamos al Tropical actual, bueno, al del ayer, que ignoro qué se ha hecho de aquel bendito oasis. Les he dejado en el aeropuerto del Prat en Barcelona mientras Dolly trataba de convencerme a mí para que yo invitara a Anita Obregón a comer una paella, evitando así la presunción publicitaria que supondría una invitación formal a la estrella. Al principio Ana se resistió con un pretexto: «Sando, no puedo. Mañana a las ocho tengo un *casting* en Madrid y tengo que estudiar el guión.» Ante mi insistencia, que no fue mucha, todo sea dicho, aceptó. «Vale, pero dime, cómo es el sitio y cómo tengo que ir vestida.» Le detallé la plástica del lugar, echó un vistazo a las maletas de su carrito, señaló una y dijo: «Ésta.» Se metió en el baño y a los quince minutos apareció con zapatillas de tenis, una minifalda tableada, un jersey. El pelo recogido en una coleta y un bolso. El color rosa dominaba el atuendo, aunque más que pantera asemejaba felina en edad de merecer.

«Venga, vamos. Pero después de comer me lleváis al aeropuerto.» Y nos pusimos en marcha, todos tan contentos.

Desde el mismo momento de la llegada, Ana saludó a diestro y siniestro (¿o es a diestra y a siniestra?) y nos acomodaron en la mesa central, al alcance visual de todos los comensales. El arroz se iba digiriendo y Ana dándonos prisa. Pero, de repente, algo cambió el guión, y no ese que tenía que aprenderse, aunque, miren por dónde, ése también cambió.

Apareció un amiguete mío, a quien llamaremos Xavi, un hombre de esos que cambian el paisaje. Ya no era Castelldefels, sino los Hamptons. Venía directo hacia mí con la sanísima intención de conocer a Ana. Caminaba con ese paso seguro que te da el dinero, con la prestancia de saberse dueño de un cuerpo y una edad (¿alguien ha sido feo a los veinticinco?) que le hacían el dueño del mundo. Ana, al oído, me preguntó: «¿Quién es?» Y yo se lo conté. Primogénito de una inmejorable familia catalana, abogado de carrera, deportista, y tal y tal. Xavi llegó al punto de encuentro y besó a Ana en las dos mejillas. Ella le invitó a sentarse, y él se excusó: tenía que ir al fútbol. Ana se convirtió en la mejor actriz y gritó algo así como «¡me apasiona el fútbol!». Y él: «Pues si quieres venir.» Y ella: «Vas en moto, me chiflan las motos, pero no llevo casco» (debió añadir «a juego», porque algún casco llevaría en su equipaje). Señalando una Harley aparcada a lo lejos dijo: «Allí llevo otro, o sea que si quieres venir...» Ana, que parecía haber descubierto el secreto de las pirámides, se levantó y nos dijo: «Por favor, ¿podéis llevar mi equipaje al Princesa Sofía?» Maligno, solté: «Ana, ¿y el *casting* de mañana en Madrid a las ocho?» «Fíjate, me acabo de acordar que es en Barcelona, qué casualidad, ¿no?» Y desaparecieron felices y contentos. Llevamos el equipaje de Ana al hotel y a Ana la llevó Xavi. Todos se quedaron allí.

La relación duró poco. Él la había advertido de que de aparecer una foto en prensa en plan nuevo idilio, la cosa quedaba finiquitada y sin retorno. A los quince días unas fotos borrosas y sin foco dejaban caer algo así como una nueva relación de la actriz (de quien por cierto aún no había dicho que es bióloga y con nota). En las imágenes, Ana y un chico con casco y Harley se medio besaban. Ahí se acabó la historia, aunque temo que hay una segunda parte, en la Costa de los Pinos en Palma de Mallorca. Dejé de ver a Xavi, pero supe que se casó con una rica heredera y el matrimonio se instaló en Palma, qué casualidad. La misma que hizo que un día coincidiéramos Xavi y yo en un restaurante. Recordando el pasado, algo que no debe hacerse nunca, le pregunté por Ana. «Hace muchísimo que no sé nada de ella», me dijo. Y remarcó el «muchísimo». «¿Vivís cerca?», pregunté. Y se traicionó: «A cinco minutos en bicicleta y de noche; lo digo porque no hay tráfico.» Y nos reímos mientras la esposa le esperaba en la mesa. Creo que se separaron tiempo después.

La filosofía de Ana es fantástica: vive y deja vivir,

luego fabula y hace de sus momentos verdaderas novelas; ni ella misma es consciente de que lo que ha vivido no es exactamente así, pero ¿qué más da? Por otro lado, ¿a quién le importa? Yo mismo fabulo tal vez sobre mi vida convirtiéndola en mera distracción, o ése es el intento.

Siempre ha funcionado de esta manera.

Hubo otra vez, diríamos que más apasionante por el carisma del protagonista. O de los dos, porque hubo dos involucrados en la historia. En realidad fueron varios, pero el terceto protagonista estuvo compuesto por la susodicha, Alberto de Mónaco y el desaparecido Severiano Ballesteros, sujeto paciente (y con mucha paciencia) de la historia.

Empezó en el principado de colorines, el país de juguete que crece a lo alto, sin parar. Nos habían invitado (como ven, en lo nuestro siempre pagan los demás) a un campeonato de golf, un acto promocional para el lugar. Había niebla, bastante, en el campo de Mont Agel, el campo de juego. Y Ana se empeñó en encontrar a Ballesteros, la estrella del encuentro. Anduvimos por el campo hasta que al final le divisamos. Y ahí empezó la actuación. Ana empezó preguntándole si asistiría a la cena de gala en el Sporting Club en la que se entregarían los premios del torneo Pro Am, donde compiten jugadores profesionales y *amateurs*. El campeón no tenía interés alguno en acudir al evento, poco dado el hombre a estos acontecimientos sociales de los que huía siempre que le era posible. Ana insistió en que le encantaría ir, pero sólo si iba de su brazo. Ballesteros, serio, no decía nada y Ana hablaba y hablaba. No sé si para seguir concentrado en el juego, llegó un momento en que ella le aseguró que si no iba con él, definitivamente, no iba. Y con la ilusión que le hacía, la gala, el príncipe y todo lo demás. Y Ballesteros le dijo que sí, que vale, que «podemos ir un rato».

Ana, en la tienda prevista por la organización, dio las instrucciones oportunas. Confirmó su asistencia a la cena como pareja de Severiano Ballesteros.

Y llegó la noche. Uno, como prensa, llegó de los primeros para no perder detalle. Y aparecieron los invitados. Las cenas monegascas, siempre en el Sporting o en la piscina del Beach, si son en verano, terminan indefectiblemente en el Regine's, tan vecino del lugar que es como un anexo. Todos los eventos tienen el mismo formato (sólo cambia la decoración, normalmente temática y de cierto buen gusto). Los invitados están repartidos por segmentos. Primero están los que pagan, no es que sean los menos, pero son el segmento más poblado, ya que para muchos es un honor estar bajo el mismo techo que la principesca familia: el Baile de la Rosa es la mejor muestra de que muchos españoles pierden el norte por estar allí, al aroma de las flores y ver de cerca a Carolina, la rosa más hermosa a pesar de la juventud de Carlota, con gesto de bobalicona (no es que lo sea, pero la boca siempre entreabierta le da ese aire), ni la llegada de Charlene, cuyas espaldas no nos dejan ver el paisaje. En este grupo de tickets vendidos está la sociedad monegasca, personas venerables, de una respetable edad, que llevan sus mejores galas. Las señoras lucen unos vestidos que ahora se llaman *vintage*, pero que en realidad son antiguos. Con las joyas les pasa lo mismo, sólo que a éstas se les nota menos el paso del tiempo (en algunas ocasiones): son valores que mantener por encima de las modas. Los caballeros se colocan el chaqué por enésima vez. La prenda suele lucir el brillo interesante de las grandes ocasiones, como una pátina que fija, luce y da esplendor. Y pedigrí. Es decir, están usados o muy usados en algunas ocasiones.

Los que vienen ahora conforman la lista de invitados, o sea, los que no pagamos nada, aunque lo abona alguna marca comercial, que suelta el talonario para colocar su anagrama en un panel llamado *photocall*, pared a la que dan la espalda los invitados de lustre que luego ilustrarán (je, je) las páginas de las revistas y, tal vez, de los periódicos. La foto base siempre tiene los mismos protagonistas, la familia principesca, cuyos miembros aparecen según lo abonado. No es que tengan una tarifa fija, pero siempre se ha especulado que cuanto más dinero se suelta, más integrantes hay. La aparición de toda la familia, incluida Estefanía, que no suele tener buena relación con su hermana Carolina, quiere decir que hay mucho dinero de por medio. Si además están los hijos de la primogénita y sus parejas, la cosa ya se dispara. Que no se alarme nadie: Carlos de Inglaterra hace lo mismo con el pretexto de sus fundaciones benéficas (hombre, algo debe de haber) y alguna que otra corte utilizará el mismo sistema, aunque no lo tenemos comprobado. Y es que ya nada es lo que fue: miren si no a Filipo Emanuel de Saboya, hijo del ex-rey Víctor Manuel que hasta gana concursos bailando en televisión.

En esta parte de gorreros con finalidad manifiesta estábamos Ana, un servidor y otros a la par. O sea, periodistas y famosos españoles, sin interés alguno para la prensa internacional. En la fiesta del golf que nos ocupa, pues tal vez se hayan perdido entre tanta acción subjetiva (culpen a Proust y sus magdalenas de la pastelería de Swan), Ballesteros, a quien de sobra conocían, era el único cuyo nombre e historial podían interesar a nivel informativo internacional.

Hay un tercer grupo —que presumiblemente tampoco paga—, en el que figuran alguna que otra estrella de Hollywood y las amigas de la casa, tipo Tasha de Vasconcelos, eterna novia de Alberto, quien me reconoció un día que siempre había sido una invitada, que se pagaba las cenas, era elegante, venía con su madre y encima daba lustre. «Una mujer muy agradable», me dijo de ella una vez el príncipe.

No olvidemos a la eterna Shirley Bassey y sus «Diamonds Are Forever», que fue durante muchos años el tema musical de las veladas del Sporting.

Y ahora sí, regresamos al club. Espectadores en la puerta, focos a toda potencia, *flashes* inquietos, los primeros invitados, anónimos pero con el ticket abonado. Y, salpicados entre ellos, los invitados. Como norma, sus altezas (entonces Rainiero y Alberto) llegan muy discretos y se instalan en una sala aparte. Luego, cuando todo el mundo está sentado en el gran salón, suena una fanfarria y aparecen ellos. En ese momento todo el mundo (protocolo obliga) debe ponerse en pie.

Mientras esperábamos, aparece un coche negro (con la marca del patrocinador también en las puertas), se acerca despacio. Se detiene. Se abre la puerta y desciende Ballesteros, impecable en esmoquin. Gentil, alarga el brazo para que baje la estrella. Y ahí está Ana. Impresionante. Nunca la había visto tan hermosa. Llevaba un vestido de encaje negro, más que pegado, dibujado sobre el cuerpo. Forma sirena, con manga larga y cuello alto. Tentador, fascinante, era como un canutillo de chocolate, goloso, sensual. Se le adivinaba el tanga interior como todo *underwear*, y nunca fue tan inquietante una prenda tan breve como poco elegante. La melena suelta, Ana se cogió del brazo de Ballesteros y posó para los fotógrafos, que ignoraban quién era la señora en cuestión. La verdad es que no sólo el cine es una gran mentira: un vestido bien hecho también lo es. Porque Ana no tiene una silueta de infarto, y lo parecía. Porque las cirugías plásticas que le han practicado tampoco han mejorado el original. Frente a un busto pequeño y manejable, vean la mencionada *Policía*, de Emilio Aragón, y compárenla con cualquier otra producción con desnudo pectoral: enormes masas bajo las axilas y, entre una y otra mama, el paso del mar Rojo en *Los diez mandamientos*. En fin, que Ana se había sacado esa noche el mejor de los partidos.

En esas que llaman a Ballesteros para que se reúna con sus majestades para tomar una copa en el privado mientras esperan que entremos los parias (los de ticket y los de abono permanente). Y, sorpresa: Ana, que entró del brazo de Ballesteros, sale colgada de Alberto, que no cabe de gozo ante tan inesperado regalo. Pasan a mi lado y trato de mirar a Ana, que ya vive sólo para sus ojos (los de Alberto, claro). Se sientan en la mesa presidencial, a escasos metros de la mía, por lo que veo lo que pasa con cierta limpieza. Como que lo mueven todo: sientan a Ana junto a Alberto y desplazan al resto de comensales, con lo que Ballesteros queda totalmente apartado. Y escucho, aunque a veces se me escapan cosas. A veces muchas cosas.

Ballesteros, sentado en una punta, soporta la situación

con elegancia: siempre fue un caballero. Ana, al lado de Alberto y frente a Rainiero, pronto se adueña de la situación. Habla, habla sin parar, en inglés, francés, italiano. Historias y más historias. De repente, apuesta fuerte y le propone a Rainiero que dibuje una figura humana con círculos, triángulos y cuadrados. La lectura de la nueva y descubierta sicóloga (antes bióloga) es que el reinante es muy sensual, demasiado, porque ha utilizado básicamente círculos para el dibujito en cuestión. Y eso, según Ana, significa que «eres puro sexo». Bueno, lo dejamos en erotismo, que estamos en la corte. Una corte pequeña y especial, *nel blu dipinto di blu*, en la que a sus altezas se les llama monseñores, sin ninguna intención.

De súbito se abre el baile. Bueno, suena la música, porque allí no se mueve nadie hasta que Alberto invite a una dama. Pero nada. Ana se inquieta; frente a un tema que ni recuerdo, estalla, y con su mejor acento de pija francesa que acaba de comprar en Colette un *vintage*, exclama: «¡Por Dios! Mi canción favorita, no puedo estar quieta, bailaría sola.» Ante tamaña insinuación, Alberto la invita: *«Ana, tu veux danser?» «Mais oui, Albert.»* Y él, ceremonioso, se levanta, le aparta la silla y la toma por el brazo. La pareja, sola en la pista, es centro de miradas. Los monegascos que se preguntan quién es esa chica. Los de Hollywood ni miran. Los españoles pensamos lo bien que se organiza Ana. Y los fotógrafos de la prensa del corazón desplazados, en cómo sortear la prohibición de tomar imágenes dentro de la sala. De repente, a la brava, los de un par de revistas salen a la pista y empiezan los *flashes*. Ante la indiferencia de la pareja, los de seguridad echan a los intrusos de la pista, se arma un pequeño lío y, tras la pieza musical, Ana se va al baño. La sigo, nada discretamente, y veo cómo se improvisa una rueda de prensa en la que ella les cuenta su currículum también en varios idiomas. Nos miramos de lejos y ella encoge los hombros y tuerce la cabeza como disculpándose por todo aquello.

El resto de la cena transcurre con normalidad, bajo los auspicios y directrices de Ana, dueña y señora de la mesa y sus príncipes. El primero que se fue, discreto, fue Ballesteros. Luego el resto y al final los príncipes. Ana se quedó sola. Y yo allí, esperando. Nos miramos, viene y me pregunta: «Oye, ¿dónde está Seve?» «Pues se ha ido.» «¡Qué fresco, si he venido con él!» «Ana, pero tú le has plantado.» «¿Yo?» «Sí, tú.» «Bueno —dice la sirena de encaje—, da igual. He quedado con Alberto que a la una me recoge en el Regine's. ¿Vienes?» Y nos vamos.

El club es pijeras, lleno de plantas, chicas alegres que fuman y beben, visten apretadas y han hecho varios másteres en economía: si no tienes dinero ni te miran. También deben de haber estudiado con Aramis Fuster, porque lo adivinan enseguida. Cruzamos varias salas. El lugar rezuma tranquilidad ambiental, pero tranquilidad extraña. Regine, la dueña, que fue madame Pipi (la señora de los lavabos de la disco más pera de París), se venga en su casa del mundo y de todo. Justo al cruzar una estancia, al lado de una veranda que da a un pequeño lago, tres árabes, vestidos de Tom Ford por lo menos, se gastan bromas. Están sentados alrededor de una mesa de estilo nacional (el suyo), llena de estrellas, adamascados y medias lunas. Una cubitera con un Magnum de champán que asoma su carísima cabecita preside el encuentro. De repente, como jugando, los caballeros de la media luna se levantan, agarran la mesa y la tiran, con lo puesto, al lago. Y se ríen, se ríen mucho, mientras pienso que son unos idiotas a quienes el petróleo (voy a ser buenísimo porque no pienso añadir nada más) les ha hecho mucho daño. Unas señoritas, tal vez putas, se muestran contrariadas, pero les sonríen. Regine también, que manda que monten otra mesa y sirvan más champán. Las chicas, que, sin duda, son putas, se acercan y hacen *grupi* con los morenos. Yo los miro y pienso qué injusta es la vida. Pero, claro, en ese ambiente, ni voy a filosofar ni a quejarme de nada: ¿qué narices hago yo allí, si no soy ni árabe, ni rico, ni puta, ni nada? Cuestión de suerte, pienso. Y recuerdo el lamento típico del periodista pobre: «¡La de caviar que tengo que comer para llevar los garbanzos a casa!»

En esos pensamientos estoy cuando aparece un caballero, se acerca a la mesa y le dice a la Obregón: *«Ana, on y va?»* Es, sorpresa, Alberto de Mónaco. Y ella le dice que sí y se van con un *«bon soir»* que les sale a dúo. Al parecer no fue el único dueto de esa noche.

A la mañana siguiente, esperé a Ana en el *hall* del hotel. Bajó a mediodía. Y le pregunté: «¿Qué?» Y ella que «qué, de qué». «Pues eso.» «Sí, hombre, a ti te lo voy a contar.» Y me fui a almorzar solo, pensando que a quién mejor que a mí se lo podía contar: sabía toda la historia. Conocer el final de primera mano no hubiera estado nada mal. Pero Ana, tan amiga de la imaginación, nos dejó la tarde libre para que escribiéramos el desenlace que creyéramos oportuno. Así que cada cual haga sus quinielas.

Con todas estas confidencias vividas de cerca, ¿es lícito preguntarse si Ana es una amiga, una buena amiga o un conocimiento? Puede que nuestra relación, por llamarla de alguna manera, sea simplemente una consecuencia de la soledad de las estrellas, siempre rodeadas de gente pero en el fondo más solas que la una (o el uno, que el calificativo no admite singulares como premoción o advertencia a su presunta feminidad).

Alberto de Mónaco

Me quedo con las ganas de preguntarle a Alberto de Mónaco por qué se les llama monseñores a los príncipes de su casa. Y por qué no monseñoras a las princesas, que sería «muy mono», como dicen las pijas catalanas, apoyándose en la primera «o» de *mono*, que pronuncian desplazando la barbilla hacia abajo como los muñecos de Mari Carmen. Pues bien, con Alberto también tengo una relación especial. Yo se la cuento y luego ustedes deciden. Para morbosos, malpensados y a quien pueda interesar: no hay sexo de por medio, avisados quedan. Bueno, sexo, aclaro, entre nosotros, porque entre él y alguna sí lo hay. ¿Qué, les ha picado la curiosidad?

Bien, nuestro primer encuentro fue en Gstaad, donde él entrenaba con su equipo de *bobsleigh*. Yo había solicitado una entrevista y su asistente personal me la concedió allí. Duró tres días, porque Alberto se pasaba el día en las pistas, bajaba por la tarde, rendido, y a la media hora comprendí las instrucciones del asistente. Me había advertido que si notaba en él una cosa inhabitual, que yo le propusiera aplazar la conversación para el día siguiente. Ya en el primer encuentro noté que, en un momento dado, empezó a medio tartamudear. Pedí el aplazamiento aludiendo un cansancio mío, algo totalmente incierto, porque estaba más fresco que una rosa después de haber disfrutado del *spa* del hotel y de sus *gin-tonics*. Tres días después terminamos la entrevista, con la promesa de que se la enviaría una vez publicada y ya está. «Mucho gusto», «un placer», «muchas gracias», «no, a usted» y todos los signos de cortesía posibles entre un plebeyo y un príncipe que, no se engañen, por más simpáticos que sean o aparenten, nunca olvidan dónde han nacido ellos y dónde lo has hecho tú. Y te lo recuerdan con cualquier gesto.

Le mandé la entrevista y ellos, muy corteses, me enviaron una carta de agradecimiento, escrita a máquina, creo recordar que en inglés y con el encabezamiento y la despedida firmados por Alberto con tinta azul (faltaba más, ¿de qué color iba a ser?). En eso del color de la tinta, como en el de la sangre, hay versiones, porque los de Cartier, marca superpera, utilizan el color burdeos en sus estilográficas como homenaje a la sangre derramada por los nobles en la Revolución francesa, algo que a Sofia Coppola se le olvidó incluir en el videoclip que rodó sobre María Antonieta. Volviendo a Montecarlo. Guardé la carta, de las primeras y casi única que he recibido en mi vida, porque la gente no está para agradecer, sino que usa su tiempo en protestar y, ahora más que nunca, para querellarse ante el mínimo error o despiste, ya sea con mala o buena fe.

No volvería a encontrarme con Alberto hasta la boda del hijo de Juan Antonio Samaranch, que fue presidente olímpico por excelencia, un hombre sereno y reflexivo, que aunque no dejó nunca la camisa azul fuera de su maleta, supo contemporizar con una dignidad encomiable. Samaranch hijo se llama también Juan y heredó de su madre, María Teresa Salisachs, Bibis, todo el carisma y el encanto del que disponía la señora, que lo fue siempre. La boda de Juan júnior se celebró en Roma. La novia, hoy su esposa y madre de unas niñas fantásticas, mantuvo las coordenadas de la suegra. Cristina Bigelli es adorable, nunca le falta la palabra oportuna, el gesto amable. El recuerdo. Una familia amable donde las haya, de aquellas que te recuerdan siempre, o tal vez lo simulen, pero lo hacen con tanta dignidad que no se nota un ápice.

Para la fiesta y cena, los Samaranch habían alquilado una villa espectacular en Via Appia, muy cerca de la de Claudia Cardinale, de la que un día salí por piernas (ya veré dónde les cuento esto, que es divertido). Como la familia tuvo la gentileza de invitarme, allí estaba yo departiendo con un grupo de catalanas de pro. De repente, las chicas se arrebolaron: había llegado Alberto de Mónaco. Yo les dije que le había hecho la entrevista en Gstaad y ya está. La sorpresa fue cuando él se acercó al grupo, saludó en general, me tendió la mano y me dijo: «*Bonjour, monsieur Sandoval, ça va?*» Le dije que *oui* y eso fue todo. Que se acordara del nombre ya fue un detallazo, así que luego estuvimos charlando, del tiempo, de la ceremonia, de la villa y de todo eso que se habla con un príncipe al que, presuntamente, no vas a volver a ver. Pues no, porque ése fue el segundo de nuestros encuentros, pero ni mucho menos el último.

De regreso a Barcelona en el avión, salió un ejemplar de *La Vanguardia* en el que yo contaba la boda y algunos detalles más. Por ejemplo, que Mo, la hermana de Juan e hija mayor de los Samaranch, estaba embarazada. Pues menos mal que lo conté con la alegría propia del acontecimiento, porque al marido de Mo, Albert Gras, le sentó fatal que hubiera publicado algo que con el tiempo hubiera resultado obvio. Bibis me hizo jurar que no diría que ella había sido quien me informó de la noticia. Y no lo dije a nadie.

Nuevo encuentro con Alberto, esta vez en París. Una firma catalana me llevó a ver un desfile de Alaïa, fantástico. Me habían colocado en primera fila, en el lado de la prensa, justo delante de la otra primera fila, la vip. Y allí apareció el príncipe, que me saludó con la mano para deleite mío y satisfacción de los que me habían llevado, seguros de que luego, en el *backstage*, se produciría el encuentro y las presentaciones, como así fue.

Al cabo de varios meses se celebró en Barcelona una edición de la tradicional regata Conde de Godó, que tiene en la figura de Javier de Godó su máximo responsable y valedor. Alberto, gran aficionado a los deportes y a la vela en especial, acudió a la invitación. Y allí estábamos, departiendo en el agradable salón del Club Náutico, desde el que se domina el puerto. Nuevos saludos, nueva charleta amable, primero en grupo y luego, estando los dos a solas, se acerca un guardaespaldas y me invita a bajar, que aquello es para autoridades. Alberto, sin perder la compostura, le miró fijamente y le respondió que a qué venía aquella grosería, que el señor Sandoval —o sea, yo— estaba hablando con él y que yo me iría cuando él me lo indicara. ¿Ven? Ya les he dicho que por más favores que te hagan, siempre te recuerdan que allí mandan ellos y que si te quedas es porque ellos lo desean. La cosa es que yo me quedé, pensando que para aquel gorila el príncipe era yo.

Meses después Alberto regresó a Barcelona, esta vez como acompañante de su hermana Estefanía, que abría el Replay Cafe, del que decían que la princesa era socia, aunque conociendo el percal me atrevería a pronosticar que se limitaba a recibir un suculento dinero por ser imagen de la marca (con ella iríamos semanas después a Ámsterdam a la apertura de otra de las franquicias). Bien, los Mónaco se instalaron en el Arts, en los apartamentos de la parte más alta, que son los más caros.

Alberto estaba en el suyo cuando, de repente, apareció una mujer. Digo mujer, no niñata, ni tontaina, ni advenediza, sino una mujer. Alta, esbelta, rubia, de larga melena medio ensortijada. Entró en la habitación de Alberto y éste ordenó que no se le molestara absolutamente para nada. Tanto es así que apareció el director del hotel para rendirle pleitesía y le dijeron que volviera en otro momento. Pasaron casi tres horas y llegó la hora de salida hacia Replay, situada en lo que fuera Santa Eulalia, en pleno Paseo de Gracia. El punto de encuentro para la salida era la cafetería de la planta 33, exclusiva para las plantas nobles. Y aparecieron Alberto y la rubia, con aspecto de ducha reciente: la melena de ella no dejaba lugar a dudas. De allí, al parking, donde la pareja compartió uno de los vehículos. Salieron juntos, pero ella jamás llegó al Replay. ¿Qué hicieron con ella? Nadie lo sabe, pero sigue viva, no se preocupen. Al publicar la historia, obviando detalles, por supuesto, ella se puso en contacto conmigo y tuvimos varios encuentros y cenas, a una de las cuales invité a mi agente Francesc Parellada como testigo de la historia. Y también por si la chica hubiera estado interesada en publicitar su relación principesca, ya tendría un soporte de primera mano: él siempre negoció mis mejores contratos televisivos.

La chica, a la que llamaremos Isabel (en realidad se llama así, pero estos juegos ponen), no estaba interesada en esos rollos mediáticos, ella quería ser princesa de Mónaco, aunque Alberto no estaba precisamente por la labor. Pasaba el tiempo, ella me enseñaba fotos de ambos que no significaban nada: de hecho, yo tengo imágenes mías con personajes con los que se podría insinuar que existe una relación y nada más lejos de la realidad. Bien, como decía, el tiempo pasaba y yo me iba enterando de las interioridades emocionales del príncipe. De la frecuencia de sus encuentros, de sus gustos por cierto tipo de prendas, encajes, satenes, lencería fina, colores y texturas. Y de otras muchas más cosas que el Ribera del Duero iba desvelando despacito. Su modo de atacar, de besar y de amar, la frecuencia del abrazo, el acoso y derribo. La narrativa de la chica era buena, a veces incluso me excitaba, pero no se lo dije nunca. Por razones obvias me voy a guardar detalles, pequeños, porque siempre es bueno ocultar, quedarse para uno, un recuerdo. Así, cuando veo al príncipe recuerdo el detalle y me sonrío. Pero sólo para mí.

Isabel y yo nos hablábamos, ella era una gran charlatana. Era azafata y madre soltera. Nunca le pregunté por el padre de su hija, que no era Alberto, aunque no me hubiera extrañado si su historia hubiera empezado unos años antes. La hija tenía ya catorce o quince años, no sé cómo era, porque nunca la llegué a ver. Me enseñaba fotos del príncipe y de ella, siempre con gente alrededor. Aquellas imágenes no significaban nada que remitiera a un idilio o similar. Así pasaba el tiempo. De vez en cuando Isabel me mentía: «¡Que viene Alberto», decía, pero él nunca llegaba. Y el tiempo seguía pasando y yo me cansé de la historia, pero no cerré el capítulo.

Meses más tarde, nuevo encuentro principesco. Creo que yo le veía más que ella. El escenario fue otra vez Montecarlo, la piscina del Beach. El pretexto, un encuentro deportivo que se celebraba allí cada año y que no sé por qué razón el principado quería quitarse de encima. Al acecho de ganar la sede para la celebración, una delegación del Ayuntamiento de Barcelona estaba allí para hablar con el príncipe. Y allí estaba él. Al lado de la piscina habían instalado un tresillo y varias sillas. Era una especie de acotado al que no se podía acceder. Varios guardaespaldas controlaban que nadie estorbara a monseñor. Muchas chicas y alguna celebridad, como Valeria Mazza, la *top* argentina, bellísima, a quien saludé desde la distancia. Alberto se giró para ver a quién iba dirigida la sonrisa de Valeria y me vio. Me saludó y me hizo un gesto con la mano para que me acercara. Yo le hice otro que, traducido, quería decir que con aquellos protectores allí era imposible. Alberto llamó a uno, que era el más grande y que siempre solía acompañarle. Tras darle instrucciones, me vino a buscar. El príncipe me saludó cortésmente y empezamos la charla habitual. El tiempo, la noche, la fiesta. Entonces le hablé de Barcelona y su afán por quedarse con la fiesta en cuestión, la gala. No mostró especial interés y cambié de tercio. Le dije que quería hacerle una foto, pero que estaba prohibido: *«No pictures»* rezaba en todas partes. Me dijo que vale, que podía hacerle una foto, pero creyó que no llevaba cámara. Y me lo dijo. Entonces la saqué del bolsillo y se rió como un niño. Iba a disparar cuando me dijo que no, que la foto era conmigo o que no había foto.

«Pero ¿quién la va a hacer?», pregunté de manera idiota. «No sé, cualquiera», dijo. Yo seguí: «No sé, cualquiera de esas chicas que corren por aquí.» Y le dio la cámara a una señora mayor, emperifollada y envuelta para regalo, que no para deseo ni lujuria. Me pasó la mano por los hombros y entonces le miré la corbata. «¿Quién le ha regalado esta corbata?» «Es bonita, ¿no?» «Es la corbata más fea que he visto en mi vida.» Me miró atónito, momento que aproveché: «Si se la ha regalado una novia, no se case con ella. Menudo mal gusto.» Tras un segundo serio, rompió a reír. Seguí. «Y, hablando de novias, cuándo va usted a casarse, que ya le toca...» «No tengo tiempo, estoy bien así, tranquilo, vivo bien.» «¿No tiene novia?», insistí. «No, qué va.» Y lo dijo con un semblante tan serio que casi pegué la siguiente pregunta: «Entonces, ¿qué hay de esa novia catalana que tenemos a medias?» Me miró fijamente, se mordisqueó el labio inferior y casi en un susurro dejó escapar un casi imperceptible «Isabel...». Rápidamente añadí los dos apellidos y la dirección completa. Otro silencio y «¿la conoce?». «Claro, casi somos vecinos.» Volvió a cogerme por el hombro y le hizo un gesto a la señora emperifollada para que disparase la cámara. Quise insistir en el tema, pero me dijo que me fuera a bailar o haría que su guardaespaldas me quitase la cámara. Sonriendo, me dio un abrazo y me dijo *«au revoir»*. Salí del acotado saloncito y me fui hacia el espacio que habían habilitado para bailar. Estaba arriba de una escalinata donde se hallaban los tres señores del ayuntamiento y el reducido grupo de invitados españoles. Me preguntaron dónde estaba y les conté lo del príncipe, que naturalmente no creyeron. Pero, de repente, adivinen quién subía la escalera: el mismo Alberto con una impresionante y tetuda rubia de vestido apretado y los senos al borde del ataque del primer mordisco.

Al llegar a nuestra altura se detuvo y me cogió por el brazo, y sonriendo dijo: «No me ha hecho caso, así que quien se va a bailar soy yo.» «¿Quién es ella?» «No le interesa, otra amiga.» Y riéndose, se marchó. La rubia excitante no era nadie: al volver al hotel Loews, donde me alojaba, la vi merodeando por los salones cual Indiana Jones hecho mujer en busca desesperadamente del arca perdida. Era un bello pasatiempo para disfrutar de la noche.

París fue la nueva cita, como siempre, improvisada. Había ido yo a grabar una entrevista, o lo que fuera, con Estefanía de Mónaco en la disco Le Palace. Nos aseguraron que la princesa llegaría a las nueve en punto. El equipo de grabación de TVE que venía conmigo, escarmentado de las habituales tardanzas de las estrellas, se instaló en el bufet. Y a dos carrillos estaban cuando, a las nueve en punto, apareció Estefanía.

La princesa atravesó el *hall* decorado como el fondo del mar con paso firme. Separaba airosa las algas de lamé, los peces de colores, plastificadas medusas y cuantas mariconadas náuticas imaginarse puedan. Cuando salió a la superficie de la pista, el equipo de televisión todavía no había llegado a la costa. No tenía las imágenes y en el desespero me hallaba cuando de repente apareció él. También del fondo de los mares, radiante, sonriente, calvo. ¡Salvado!, pensé. Y acerté. Tan pronto ocuparon el palco me acerqué a Alberto, le saludé y le conté el problema. Primero él habló con su hermana, luego me la presentó. Tras los besitos de rigor y el *enchanté*, ella se levantó, sin problemas, y me preguntó qué era lo que necesitaba. Le dije que todo. Estefanía se fue hacia la puerta atravesando de nuevo el océano en sentido inverso y a paso de nadadora eficaz. Al llegar al vestíbulo se paró y me dijo: «¿Ya?» Le dije que sí con la cabeza y empezó a descender al fondo de ese mar de *pailletes* y fantasías animadas. Andaba despacio, como pensando «vaya, que no tenga que volver a hacerlo». Lo hizo estupendo. Al cruzar con el último caballito de mar, me sonrió y yo le devolví la sonrisa, que no quiero yo que crean que me he llevado nada de palacio. Luego le di las gracias a Alberto, comentamos la eficacia de unos y el desastre de otros, en fin, lo de costumbre en estos casos.

Pasaron años antes de que le viera; bueno, en realidad no le he visto más. Estuvo una vez con Charlene poco antes de su boda y acudió al Estadio Olímpico barcelonés a ver unas pruebas de atletismo. Fue un viaje raro, raro, raro. Llegó por la mañana y se fue después de comer. Dos días después volvió con el mismo plan, sólo que cambió inesperadamente de idea. Mandó su avión privado al principado y se quedó a cenar. Lo hizo en La Bocana, un pequeño y delicioso restaurante en el no menos pequeño y delicado puerto de Aiguadolç, en Sitges. ¿Por qué fue allí? Pues porque en aquel entonces el cónsul de Mónaco en Barcelona estaba de novio con Francina, sexy rubia apetitosa, viuda con tres hijos, dos de ellos gemelos conocidos como Zipi y Zape por su hazañas infantiles. Francina es amiga mía y me invitó a cenar con el príncipe.

Sólo que dado que la tecnología y yo estamos condenados a no entendernos nunca, leí el mensaje que me mandó pasada la medianoche, cuando ya se habían terminado hasta el postre, las copas y los puros. Al día siguiente me envió las fotos: menos mal que no fui. Las imágenes eran de lo más parecido a una cena institucional, sólo faltaban los discursos, aunque tal vez también los hubo, no lo sé, las fotos no hablan, todavía. Una mesa en forma de «U» en medio del coquetón, romántico y, sobre todo, pequeño comedor al lado del mar, conformaba un espacio de aromas equivocados. Es decir, lo que aparentemente debía ser una cena informal, con cuatro amigos alrededor, se había convertido en una mesa oficial repleta de protocolos, algo impensable dada la idea inicial de la convocatoria. Pero a los comensales se les veía felices, amables y muy compuestos. No sé quiénes estaban, pero había una nutrida representación de amigos del cónsul. Con una notable ausencia, la del vicecónsul, un arribista de cuidado apodado *el Indio* porque la base de su fortuna era el *import/export* de productos de la India, aunque en sus orígenes fue hare krishna a horario partido: por la mañana trabajaba en una oficina de La Caixa y por las tardes se iba a la Rambla con la túnica naranja cantando aquello del «hare krishna, krishna, krishna, hare krishna, hare, hare», una melodía que más que por tendencias religiosas exóticas descubrimos e identificamos como la canción que precede al número de desnudo integral de toda la compañía que cierra la primera parte de *Hair*, el musical de los setenta. La del indio es otra historia que contaré si el libro sale corto. Él se indignará, pero estará encantado de salir, es lo que más le puede. Interesante.

Smilja y Polanski

Ya que estamos entre aristócratas, permitan que enlace con otra princesa de fantasía. Era yugoslava y se llamaba Smilja Mihailovitch. No creo que pase a la historia por haber creado la moda *ad-lib*, entre otras porque sus sucesores (en esto de la moda) no están por la labor de reconocer, sino simplemente por la de sobrevivir. Smilja era adorable, sentimental, coqueta, tierna, fiel. Y práctica, muy práctica. Desconocía el sabor del dinero y, aunque lo necesitaba para vivir, procuraba no tocarlo. Verán, vivía del intercambio: yo te doy una cosa a ti, tú me das una cosa a mí. Lo comprenderán si siguen leyendo, no se arrepentirán, puede ser el inicio de un nuevo sistema económico doméstico.

Como me suele suceder, coloco personas, años y situaciones en la coctelera de mi cabeza, lo agito y lo suelto al ordenador. Ya he contado que eso de los años no deja de ser una referencia absurda en el infinito. Y las personas, impactos emocionales que llegan, duran lo que duran y desaparecen. A veces dejan recuerdo. Pues bien, de Smilja no recuerdo... cuándo y cómo la conocí. Sería probablemente en Ibiza de la mano de Carlos Martorell, el señor de Barcelona en la isla, un cónsul honorario muy preciado. Yo había descubierto la isla acompañando la luna de miel del primero de los amigos del cole que se casó. Suena raro, pero es así, decidimos ir todo el grupo a Ibiza con ellos. Hace un millón de años, tantos, que para quien quiera saber, sólo les diré que tropezamos con el rodaje de una película llamada *Zarabanda, bing, bing*, con Mireille d'Arc y José Luis López Vázquez. Desde ese momento me enamoré de Ibiza. Escribir los tópicos habituales de la isla de la libertad, del amor y esas cosas no me parecería justo. Me bañé desnudo por primera vez, sí, pero procuré que no me viera nadie. Y, por supuesto, tampoco lo conté. No sé cuánto tiempo tardé en volver, pero ya a la vuelta oí hablar de Smilja. Su historia, real o inventada, era fascinante. Nacida en Yugoslavia, ella contaba que fue amante del rey Miguel por una sola noche, lo que sería un polvo entre guerras. A consecuencia de haber probado real *penis* se autoproclamó princesa. Así nació la princesa Smilja Mihailovitch. Tras el encuentro real, emigró a Nueva York, donde, dicen, se casó con un taxista judío. No sé qué debió de pasar allí, pero lo cierto es que un buen día apareció en Ibiza y se instaló en un pequeño piso de Figueretas, la parte más turística pero la menos sofisticada de la isla. Tanto era así, que los pecados que en otra parte hubieran sido mortales, allí no pasaban de veniales. Todo lo más unos porros en La Tierra, entrañable pub del puerto, y el Lola's, feudo iniciático de los pijos catalanes.

En el pisito de Smilja había lo justo: una cama, una mesa, una silla y una nevera con un pedazo de queso. Ella era muy austera a la hora de comer y de guardar. De hecho, cuando tuvo posibles, acostumbraba a pedir en los restaurantes *«un po di pan e un po di queso»*, con acento italiano. Hablaba francés, inglés, alemán, italiano y por supuesto castellano y catalán, aunque el italiano era su acento favorito.

Nadie sabía cómo sobrevivía, hasta que el invento de la moda *ad-lib* apareció en su vida. Tuvo el acierto de mezclar la fragilidad de la isla con el descaro teutón de las alemanas, que con sus cuerpos sin problemas se atrevían con todo. Encaje y cuero, motos de gran cilindrada para cuerpos tostados, melenas al viento, descaros sin impertinencia. Transparencias mágicas, camisas sin falda y botas de montar. Un acierto.

Con Smilja y su *ad-lib* llegaron sus primeras amistades. La número uno fue Ursula Andress, la chica Bond que salió del mar con un cuchillo al cinto. Estaba en su momento y favoreció lo suyo que desayunase en la terraza del Montesol, en el paseo de Vara de Rey, el más popular. Ursula era maravillosa, con su voz cazallera, muy al estilo de la de Smilja, que siempre tuvo dentro de su indudable feminidad una andrógina apariencia de camionero de duros rasgos y pelo impecable. Ursula era una belleza en su punto. Ojos limpios, cuerpo perfecto. Y hasta la frente despejada al máximo y que en otra hubiera sido motivo de mofa, en ella era punto imperturbable. Gracias a una amiga, Mercè, que en aquel entonces tenía el único instituto de belleza de la isla, una precaria instalación en el saloncito de su casa, supe del mundo interior de la estrella, los misterios de su íntima depilación sin ir más lejos. Ésos son los primeros recuerdos que tengo de

Smilja, sentada en el Montesol, al lado de Ursula, que llevaba pamela. Imagino que congeniamos enseguida, porque a los pocos días Smilja me invitaba al cumpleaños de Ursula, que celebraba en casa de Josep Viader, propietario en aquel entonces, entre otras cosas, de La Torre del Canónigo, en Dalt Vila, un espacio mágico, bellísimo, que el hombre cuidaba con esmero. Viader era (es) muy apañado. Solía invitar a sus amigos a casa a pasar unos días, previo pago, claro. La Casa y sus anexos están en manos de Ferran Monge, uno de los socios propietarios de la productora cinematográfica Canónigo Films y es hoy un hotel espléndido donde se alojan celebridades de todo rango, desde Jean Paul Gaultier a un príncipe italiano muy peculiar que tiene toda la espalda ocupada por un tatuaje de la Macarena.

La fiesta de cumpleaños fue espectacular. Discreta de gasto, ya he señalado la capacidad ahorrativa de Viader, la hubiera filmado Fellini y no hubiera logrado el clima misterioso, entre místico y rústico, material y espiritual, banal y profundo. En fin, una locura. De repente apareció un señor extraño, mayor, sereno y educado, que saludó efusivamente a Smilja y a Ursula. Las escasas copas iban fluyendo de la cocina con delicada intermitencia, los escasos canapés habían pasado a mejor vida y los invitados fumaban y hablaban entre los muros centenarios que siempre quedan bien en narraciones donde aparecen fiestas y castillos. De pronto, el señor extraño habló. Se dirigió a Ursula y le susurró algo al oído, algo que escuchó Smilja. Ésta me cogió por el brazo y me dijo: «Josep, ven.» Y yo fui. El señor agarró un folio grande de papel, sacó un lápiz y empezó a dibujar. Al cabo de un rato, no excesivamente largo, había plasmado tres figuras orondas de señoras que los ilustres y cultivados invitados reconocieron ipso facto. En realidad hubiera bastado con que uno lo hubiera dicho en voz alta. El señor acabó el dibujo y lo firmó con dedicatoria: «Este Rubens es un auténtico Elmyr de Hory.» Yo, que en aquel entonces no tenía ni idea de quién era Elmyr de Hory (a Rubens sí tenía el gusto y a sus orondas también), puse cara de póquer. Smilja me volvió a coger por el brazo y me lo explicó casi todo de aquel genio que igual se tomaba una copa que te hacía un Renoir, un Gauguin o un Matisse. Flipé. Ursula se fue con el dibujo enrollado bajo el brazo y yo acompañé a Smilja. A la salida de la casa de Viader, el porche ya señala que allí hubo historia. Las calles adyacentes se ponen misteriosas y la noche, la soledad y todas esas cosas te llevan a un estado de pánico notable. Smilja empezó a contar historias de misterio, extraños cuentos que me acojonaban porque podían ser ciertos. Allí había de todo: desapariciones, extraterrestres, crímenes sin resolver. Smilja seguía agarrada a mi brazo. No sé si por miedo a sus propias historias o porque tenía frío. No podía ser por otra cosa, porque a Smilja, mujer sin edad, siempre la vi como a mi madre. Y ya tenía la mía (de edad y de madre).

Como les contaba, Smilja era la reina del trueque. Ejemplos varios. Era por Pascua y yo pasaba unos días en su casa ibicenca, que en aquel entonces era un regalo-préstamo de Abel Matutes, el dueño de la isla. Amaneció lloviendo, yo estaba desayunando y Smilja atendiendo a los perros, que tenía dos. Llaman a la puerta y Smilja abre. Era una de esas princesas austrohúngaras afincadas en la isla, rubia, esbelta, *âgée* y con bótox, o sea, lo habitual.

En la mano llevaba un huevo, de Pascua, claro. «Smilja, felices Pascuas», oí. Smilja sonrió y devolvió la felicitación añadiendo: «Con este tiempo, yo aún no he salido y no tengo huevo para ti.» «No te preocupes», siguió la austrohúngara, seguramente mucho más princesa que la propia Smilja. Smilja entró en la cocina, me sonrió y me dio un beso en la frente. Luego metió el huevo en la nevera, donde, alineados, se encontraban otros colegas suyos pero sin traje de fiesta, o sea sin colorines y listos para pasar por la sartén.

Al cabo del rato suena de nuevo el timbre y Smilja abre. Se repite la historia: otra austrohúngara que le trae un huevo de Pascua. Pero, ah, ahora ya tiene respuesta. Mi princesa abre la nevera y vuelve al salón: «Querida, yo también tengo un huevo para ti», y le da el huevo de la princesa anterior. Este vodevil de huevos y princesas se fue repitiendo toda la mañana y yo esperando mi huevo. Finalmente llegó: una de sus vecinas, princesa también —faltaba más—, le trajo dos. Antes de que nadie reaccionara, me comí uno.

Así, de esta manera, era el día a día de mi heroína. La casa donde me encontraba estaba en el golf de Roca Llisa, una urbanización de lujo, residencia de primeras espadas en todos los campos. Era préstamo-regalo, lo he escrito, de Matutes, a quien le echó más de un cable en su promoción europea gracias a toda esa ristra de princesas. Gracias, digo, a los contactos de todas ellas con la mejor de las sociedades. Las fiestas que se organizaron en Bruselas de la mano de Smilja y sus compis cuando Matutes fue ministro le sirvieron para relacionarse con todos. A cambio, él le puso la casa, un coche, una sirvienta y un chófer eventual. El dinero no tenía lugar en su ideario y sólo una vez supe que tuvo una cuenta corriente: fue cuando Roman Polanski le pagó una comisión por la casa que compró en Roca Llisa, dicen que unos treinta millones de pesetas. Me cuesta creerlo, por lo siguiente. Un buen día Smilja jugaba al golf con tacones de aguja («¿por qué tanto pincho en la suela? —decía—. Yo prefiero sólo uno y que me haga sentir bella»), calzada de *stiletto*: siempre lo llevó a pesar de que murió a una edad incierta que algunos cifran en ochenta años pasados. Yo, que tuve en mis manos hasta cuatro pasaportes suyos válidos a la vez, jamás lo supe, aunque en ella el tiempo nunca tuvo más importancia que la justa para pensar que se estaba agotando.

Volviendo al golf del párrafo anterior. Smilja se puso un reloj de plástico, simpático, de escaso valor, que le habían regalado. En la esfera un jugador de golf vestido a la antigua señalaba la hora con sus palos. Era mono, que diría cualquier pija reforzando la primera «o». Pues sí, era muy mono. Un día que Polanski regresaba a París en uno de sus mil viajes, estábamos almorzando y a la hora del postre Smilja se quita el reloj y le dice: «Roman, por favor, ¿puedes buscarme en París una correa para este reloj a juego con la esfera (que era verde)?» Roman se lo puso en el bolsillo, se despidió y se fue.

A las dos semanas el cineasta regresó y volvimos a cenar en casa de Smilja. En la cocina ella me mostró su muñeca, donde brillaba un soberbio brazalete que no era otra cosa que la correa del reloj. «Pero ¿y esto?» «Pues me lo ha regalado Roman.» Y agitó brazo y muñeca. Luego me puso el reloj frente a los ojos. Yo pregunté, ingenuo:

«Y éstas, ¿qué piedras son?» «Esmeraldas, querido, esmeraldas.» Sí, esmeraldas de las buenas y del tamaño de una uña cada una. Y había muchas.

En su eterna genialidad, Smilja fue también actriz. De la mano de Polanski la vimos en *Frenético*, *Lunas de hiel* y sobre todo en *Piratas*. Tuve oportunidad de hacer de pareja de Smilja en las dos primeras, aunque en *Frenético* me «sustituyó» José Antonio Santamaría, el recordado Santa, exfutbolista e íntimo del cineasta desde lo que era su club social, la discoteca Ku en Ibiza. Santa era uno de los tres socios, junto con José Luis Ambitarte, alias *Gorri*, y Javier Iturrioz, actual marido de la exsuegra de David Bisbal.

Smilja me presentó a Polanski en una cena en el Ku. No es que conectásemos de inmediato, pero la princesa es felinamente persuasiva y convertía nuestros encuentros en casuales cuando no lo fueron casi nunca. No es que fuéramos amigos en el sentido intrínseco de la palabra, pero nos vimos muchísimas veces en Ibiza, París o Túnez, donde me invitó al rodaje de *Piratas*. La última vez que le vi fue en L'Avenue, restaurante *chic* de la Avenue Montaigne, cerca de la casa del cineasta. Las otras veces siempre había comida de por medio, o era un almuerzo o una cena, en el comedor del hotel Costes cada uno con sus amigos. Quedaron lejos los tiempos de Bains Douches, la disco donde Cathy Guetta, la esposa de David, la estrella de los dj y productor discográfico, organizaba las noches parisinas. Bains Douches se convirtió en Le Parroquet Blue en *Frenético*, la película de Polanski con su esposa Emmanuelle Seigner de protagonista y para la que se trajo de Estados Unidos a Harrison Ford, con quien compartí mesa, otra vez de la mano de Smilja y otra vez en Ibiza, y otra vez en el Ku, pero sólo una vez: ¡cuántas veces sólo una vez!

Polanski era un ser extraño. Parecía arrastrar su vida de judío errante, madre gaseada por los nazis, infancia desastrosa, una carrera difícil, y cuando la tuvo controlada le estallaron dos bombas emocionales. Una, el asesinato de su esposa, Sharon Tate, embarazada de su primer hijo a los ocho meses de gestación; luego, la condena por acostarse con una menor por la que tuvo que salir huyendo de Estados Unidos y que parece que va a perseguirle hasta la muerte, aunque hoy la menor presuntamente abusada es una señora madura que no sólo le ha perdonado, sino que podría contar la historia como realmente fue.

Por todas esas cosas, Roman es un hombre introvertido que confía en muy pocas personas. Sólo le he visto feliz con Santa, con Smilja y con su esposa, con la que siempre mantiene una actitud de amor-pasión-sexo y alternativas similares. Incluso hoy, cuando son padres de Morgane, de dieciocho años, y Elvis, de trece, podrían ser los eternos adolescentes a punto de acostarse por primera vez a escondidas de sus padres. A las primeras de cambio uno experimenta un cierto rechazo (y eso que yo iba recomendado por su amiga la princesa). Luego la cosa no cambia, sólo se modifica para que todo quede igual. Cuando Smilja no estaba, era Santa quien me acompañaba, pero su atención sobre mí no cambiaba mucho. Con Santa nos veíamos en el frontón del Ku, donde jugábamos partidos de *squash* y compartíamos sauna mientras nos bebíamos unas jarras inmensas de zumo de naranja y zanahoria. Luego, a la piscina de la disco, que era el aliciente del lugar y el mayor puntazo para competir con Pachá, la disco rival de Ricard Urgell.

Introvertido, aunque educado, observador, pero siempre sin comentar nada, Polanski era de los que se fijan a veces hasta un punto molesto. Su vida era hermética, casi como algunas de sus películas, situadas en marcos obsesivos que él intenta que no lo parezcan: desde un barco en *El cuchillo en el agua* hasta *Un dios salvaje*, pasando por el crucero de *Lunas de hiel*, el galeón de *Piratas* o el castillo de *El baile de los vampiros*. Deberíamos buscar alguna relación entre estas obsesiones, el mar y la muerte con pinceladas de sexo.

Polanski en Ibiza era feliz, muy feliz. Smilja le ayudó a comprar una casa en Roca Llisa y pasó mucho tiempo entre el Ku y la playa (practica buceo con habilidad). Era una casa muy cómoda y tranquila con una habitación de invitados con columnas pintadas de amarillo que usé una vez, cuando el hijo del general De Gaulle prolongó su estancia en casa de Smilja un día más y yo me quedé sin alojamiento: ella me enchufó allí.

Santa y Roman eran inseparables. Smilja decía de ellos que eran la prueba definitiva de que dos hombres podían ser amigos y compartirlo todo sin que necesariamente tengan relaciones sexuales. De lo que doy fe, porque las señoras se los rifaban, a cada uno de ellos por causas distintas: Santa era un Adonis, pero Roman era una estrella. El día que a Santa le asesinaron en un *txoko* de su San Sebastián del alma fue uno de los más dolorosos en la vida de Roman, que le recordó otro asesinato, el de su esposa Sharon Tate embarazada de ocho meses del que iba a ser su primer hijo. Las palabras de la viuda de Santa en el funeral («sé quiénes sois, y yo ni perdono ni olvido») quedarían grabadas en su cabeza muchos años. Tras la muerte de su amigo, Polanski prácticamente anuló sus viajes a Ibiza hasta que vendió su casa. La desaparición de Smilja hizo que, definitivamente, se diera de baja en la lista de asiduos a la isla blanca.

Bien, Santa fue pareja de Smilja en *Frenético*, y en *Lunas de hiel*, que se rodó en alta mar en pleno invierno, fue un amigo de la princesa, un señor muy mayor que se emborrachaba en la secuencia final. Lo bueno llegó con *Piratas*, que se rodó en Túnez y donde Smilja tenía un papel digno de figurar en el reparto. También actuaron Santa como el capitán malvado y ennegrecido, y Emilio Fernández, otro incondicional de Roman. Yo no tenía papel, pero me invitaron a ir al rodaje durante diez días. Producía Tarak Ben Amar y no se reparó en gastos. Reprodujeron en Port el-Kantaoui un puerto caribeño al detalle, maravilloso y real como la vida misma. Y un galeón impresionante, de cuyo interior se hizo una réplica en unos estudios tunecinos con una maquinaria que reproducía el movimiento de las olas. A todo esto, Smilja volaba a Roma para las primeras pruebas del vestuario; las siguientes las hizo en Londres, en casa de Anthony Powell, diseñador habitual de Roman. Aprovechando sus días de rodaje volé con ella y me instalaron en otro hotel, porque en el del filme ya no cabía un alma.

Piratas era un viejo proyecto de Polanski, inspirado en la atracción. La cueva de los piratas que hay en los parques Disney. Siempre con ánimo de niño, él era el héroe y su chica era Nastassja Kinski, que entonces era su amor. Los años pasaron y a ambos se les pasó la edad de sus personajes, así que cuando llegó la hora (y el dinero), ella fue Charlotte Lewis y él Cris Campion. Smilja era el ama de llaves de la chica y llevaba un vestido que pesaba treinta kilos que ella aguantaba estoicamente. Los días pasaban de noche, se rodaba en el puerto en el galeón construido para la ocasión siguiendo planos de la época, un barco que trajimos luego a Barcelona para una Semana del Cine que llevaba José Luis Guarner, compañero mío en *La Vanguardia*. Para no aburrirme, alguna noche me vestía de pirata, pero como no tenía diálogo abandoné la producción —es broma—. La acción se desencadenó una noche cuando apareció en el set, o sea, encima del barco, la señora de Walter Matthau, una insoportable mujer que se había instalado en Túnez durante los ocho meses del rodaje y se había traído a su hermana, otra que tal. Era medianoche y llegó la dama con batín y zapatillas, y le gritó a su marido: «¡A casa!» Matthau, un tanto avergonzado en su inmensa estatura, vestido de pirata y con una pata de palo, le recordó a Polanski que su contrato especificaba que a medianoche finalizaba su jornada.

Polanski ni se inmutó. Dijo OK, y llamó al doble, un actor joven que ya estaba vestido para la ocasión, de un cierto parecido (entre barbas y sombrero asombroso) y al que le faltaba realmente una pierna. Siguió el rodaje entre una falsa marea, una no menos falsa tormenta, fuego de mentirijillas y palos que se caían y se recomponían al gritar corten. Smilja se aburría, yo me aburría charlando con Charlotte Lewis, que ya apuntaba tonterías variadas, y con la madre de Cris, que creía tener una estrella en casa, y como que no.

A mediodía se levantaba todo el mundo (el rodaje acababa a las seis de la mañana desde las seis de la tarde), y comíamos en la playa. Polanski y Santa buceaban, Emmanuelle Seigner, que entonces ya era pareja de Roman, charlaba del bien y del mal con Smilja. Y yo me aburría. A veces Roman se iba a los estudios que estaban en un pueblo cercano donde había construido el barco por dentro y le habían dotado de todo tipo de movimientos, una pasada.

Finalmente llegó el día del adiós. Roman nos acercó a la capital y nos dejó en el aeropuerto. Bajó nuestras maletas, nos dio abrazos y besos, y se marchó. Y ahí empezó la aventura particular de Smilja y la mía. No se la pierdan.

Sacamos las tarjetas de embarque, facturamos las Vuitton (pijos, sí) y nos instalamos en la sala vip, si podía llamársela así. Y empezó a pasar el tiempo.

Porque el tiempo era lo único que allí pasaba. Llegó la hora del embarque y nada. Luego la salida; tampoco, claro. Las azafatas que estaban en la sala fueron desapareciendo sin que nadie se diera cuenta. Sólo quedábamos los pasajeros del vuelo a Barcelona, el resto también se había ido (embarcando, creo). De repente a alguien se le ocurrió salir a preguntar y... ¡sorpresa! Nos habían encerrado. Nadie podía creerse lo que estaba pasando. Por la ventana podía verse la pista completamente vacía. Y el ruido ensordecedor de un avión que volaba tan bajo que casi podíamos ver a los pasajeros... si les hubiesen dejado asomarse a las ventanas.

En el centro de la sala había un teléfono de monedas. Eché mano de las que llevaba en el bolsillo y le pedí a

Smilja las suyas, cosa inútil, nunca lleva dinero encima, ni calderilla. Llamé a *La Vanguardia* y hablé con el director, que en aquel entonces era Lluís Foix. Le conté la situación, por si había llegado alguna noticia por teletipo sobre lo que podría estar pasando en el aeropuerto de Túnez. Foix, educadísimo, buscó un sinónimo de *collons* —«cojones» en castellano—, aunque creo que dijo eso. Añadió: «Llama en cinco minutos y te lo cuento todo.» De la última palabra sólo escuché la primera sílaba, porque las monedas se habían acabado. Cual intrépido reportero me identifiqué ante el resto de pasajeros asegurándoles que en cinco minutos les contaría todo si colaboraban con unas monedas para el teléfono.

A los cinco minutos volvía a marcar el número de Foix. Respondió en el acto. Lo que estaba pasando me dejó frito. La gente a mi alrededor esperaba en silencio y yo sólo atinaba a contestarle a Foix que «vale, vale», «sí, sí», y alguna ración de *collons* y de «hostia».

Colgué y me miraron todos esperando una respuesta. Todos... realmente, no. Smilja había rescatado su polvera y se pintaba los labios por enésima vez. Cuando lo hacía me recordaba a esas monas que imitan a los humanos. Estaba graciosa, aunque la situación no era para maquillarse. O tal vez sí.

Resulta que los kurdos para llamar la atención internacional habían secuestrado un avión de la Pan Am en el que viajaba Demis Roussos, el orondo cantante de Aphrodite's Child, aquellos del «triqui triqui triqui...». El avión se estaba quedando sin gasolina y querían repostar en el aeropuerto de Túnez, cosa a la que las autoridades se negaban. Si no repostaban, los piratas amenazaban con: a) volar el avión en el aire; b) aterrizar y cargarse a todo bicho viviente que encontrasen en el aeropuerto, o sea, a nosotros, porque por allí no había nadie más. Desde la ventana vimos cómo las pistas se iban llenando de camiones de los que bajaban soldados con fusiles. Muchos, muchísimos. Y el avión arriba, y nosotros abajo, encerrados en aquella sala que cada vez, aunque nadie tocaba nada, se hacía más inhóspita. Seguía pasando el tiempo, más bien paseando sin ganas de correr demasiado, exactamente nada. De pronto el avión se marchó y los soldados volvieron a los camiones, que desaparecieron de la pista. En el interior del aeropuerto no se advertía movimiento alguno.

De repente, entre el desasosiego general y la sesión de maquillaje de Smilja, la puerta se abrió y apareció un representante de la compañía aérea al que Smilja bautizó enseguida como «señor Iberia». Y el señor Iberia habló. En el aeropuerto se recibió la amenaza desde el avión y, con toda la cautela, se procedió a desalojar la instalación. Sacaron a todo el mundo menos a nosotros porque, dado que habíamos pasado el control de policía, nos consideraban fuera del país y se llevaban las manos a la cabeza por lo que nos hubiera podido suceder. Lamentó la situación, se disculpó por no haber podido contactar con nosotros por órdenes de la dirección del aeropuerto y nos dio las buenas nuevas. Lo de buenas es un decir, lean. La compañía Iberia lamentaba comunicarnos que (obviamente) habíamos perdido el vuelo. Ante casos de secuestro y similares, la compañía no se responsabiliza de los perjuicios que ello podía ocasionarnos, que no eran pocos. Primero, teníamos que comprar un billete nuevo; segundo, no había vuelo hasta el día siguiente, así que había que buscar un hotel; tercero, el vuelo del día siguiente no era directo, sino con escala en Alejandría. La compañía Iberia, eso sí, nos daba un vale para un refresco y un bocadillo. La gente se indignó. Todos menos una: Smilja, claro. Me agarró por el brazo y cuando la multitud había vapuleado al señor Iberia a voluntad, éste se repeinó, se ajustó la corbata y entonces, oh dioses, Smilja habló. Lo hizo en un aparte, en voz baja y poniendo su mejor cara y pose de princesa. Sin soltarme, le llamó: «Señor Iberia.» Y el señor Iberia se paró. «Mire, señor Iberia, soy princesa Smilja Mihailovitch y él (ése era yo) es el señor Sandoval, el periodista más importante de España y escribe en *La Vanguardia*. Él (o sea, yo) ha sido quien ha llamado al periódico y ha dictado un reportaje sobre el secuestro (falso, falso, falso) donde, por cierto, aún no ha salido usted. Yo puedo llamar a señor Iberia Madrid y hacer que me solucione todo este desagradable asunto. Pero yo quiero que usted triunfe y yo pueda decirle a mi amigo, señor Iberia Madrid, que usted lo ha arreglado todo porque usted es muy válido. Así que usted nos saca unos billetes para mañana vía Roma (¡ella sabía que había un vuelo con escala en la capital italiana!) en *business*, por supuesto. Luego nos reserva dos suites en el Hannibal Palace, porque señor Sandoval y yo no somos amantes... todavía. ¿Ha traído coche? Bien, cariño (dirigiéndose a mí), dale las tarjetas de embarque para que localice nuestros equipajes. ¿Será tan amable, señor Iberia, de recogerlas y colocarlas en su coche? Mientras nos hace la gestión de las maletas, señor Sandoval y yo almorzaremos en el restaurante, sólo comemos carne roja, quesos franceses y vino rojo Ribera de Duero o cualquier francés similar (gran embustera), y por supuesto, con mantel de tela, nada de manteles de papel, una vulgaridad insoportable. Una cosa más: ¿está usted casado? ¿Sí? Entonces nos encantaría que su esposa y usted reunieran a sus amigos en su casa para tomar una copa, poder conocerlos y contarles esta pequeña gran aventura que usted va a resolver maravillosamente bien. Luego nos llevan a cenar a un restaurante con bailarinas del vientre y esas cosas tan típicas, al señor Sandoval (o sea, a mí), le encantan.»

La cara de atónito que pueda poner usted, amable lector, no es nada comparada con la del señor Iberia, que, alelado y sorprendido, se fue con las tarjetas de embarque en la mano a cumplir los recados de la princesa.

Mientras nos servían el almuerzo, Smilja, que volvía a repasarse los labios con el *rouge* Dior de siempre, lamiéndoselos con avidez, me confesó: «Tengo que llamar a señor Iberia Madrid para felicitarle por el excelente servicio del señor Iberia Túnez.» «¿Le conoces?», pregunté. Picarona, me miró, me cogió la mano y con la otra tomó la copa de vino: «Excelente. Un reserva francés de primera.»

Estábamos en el café cuando apareció nuestro *chevalier servant*. Traía buen aspecto y habló. «Sus equipajes están en mi coche, aparcado frente a la puerta. He reservado las suites en el hotel, la cena de esta noche es en un restaurante panorámico y mi esposa está encantada con la idea de la *party*, no solemos hacer muchas. Por cierto, aquí están sus billetes para mañana, a Roma primero y luego a Barcelona, todo en *business*.»

Smilja le miró derretida y le tendió la mano para que se la besara, cosa que el señor Iberia hizo con galantería.

Luego le ofreció una copa de vino, que desapareció en un momento. Inmediatamente, Smilja le indicó que pidiera la cuenta porque quería descansar: tanta emoción la había fatigado en exceso. Pagó, como absolutamente todo, el señor Iberia.

Salimos a la calle, nadie comentaba nada, era como si todo hubiera sucedido en otra ciudad. Nadie reparaba en nosotros. Miento. Los pasajeros del vuelo digamos secuestrado parecían odiarnos porque, aunque no habían escuchado nada, sospechaban lo peor. En realidad para nosotros era lo mejor.

Tuvimos hotel, *party*, cena y bailarinas del vientre. A medianoche, Smilja sugirió: «Vamos a dormir, que mañana a las siete tenemos que salir del hotel. ¿Vendrá usted personalmente para llevarnos al aeropuerto? Por cierto, he visto que hay muy poco tiempo en la escala en Roma, ¿podría organizar que un coche nos traslade del avión de Túnez al de Barcelona desde la misma pista?» Por supuesto tendríamos un coche al pie del avión, si no lo perdíamos.

Smilja era así. Divertida, vivida, muy apañada. Y tenía sus cosas. En 1988 coincidimos por casualidad en Múnich. Yo había ido a la presentación del *spot* navideño que hizo Freixenet con Josep Carreras, que por esas fechas regresaba a los escenarios tras una enfermedad que superó con valor, voluntad y el apoyo de los suyos. Tuvimos la suerte de presenciar su concierto en el Philharmonie, que fue realmente emocionante, y compartir una cena de las más felices que yo recuerdo en mi vida. Fue en el Kay's Bistro y recuerdo haber cantado el brindis de *La Traviata* docenas de veces. Tan pesado me puse que los camareros cantantes que me aceptaron en los coros optaron por dejarme como solista.

Bien, volviendo a Smilja. Coincidimos en el mismo hotel, el Vier Jahreszeiten, el Cuatro Estaciones, o sea, el Four Seasons, de gran lujo. La princesa había aceptado la invitación de uno de los hombres más poderosos de Alemania en cuanto a industria papelera se refiere, al que había ayudado a localizar una mansión en Ibiza sin querer, fiel a su estilo y a su manera de vivir, sin cobrarle nada. Aparte de algún regalillo que caería por alguna parte, el señor la había invitado a pasar las Navidades en su finca en el campo muniqués. Así que, aunque faltaban algunas semanas para el 25 de diciembre, Smilja se instaló en el hotel para disfrutar de la vida alemana.

Nos encontramos en el vestíbulo cuando ambos salíamos a cenar, ella con el señor alemán y yo con los Freixenet. Besos, abrazos, presentaciones. Le dije a ella que hacían buena pareja y ella soltó una carcajada que hizo temblar el *hall*: «Ya no estoy para estos trotes.» Yo volvía a Barcelona al día siguiente, así que nos felicitamos las fiestas y nos dimos más besos y abrazos.

Cuando regresé tras la cena y la fiesta, encontré un paquete de notables dimensiones, envuelto con papel navideño y con un gran lazo, encima de la cama y un sobre. Lo abrí y con una tarjeta del hotel, Smilja reiteraba sus abrazos navideños. Me supo mal no haber sido yo el primero, pero la verdad, tampoco se me había ocurrido. Deshice el paquete y me encontré con una figura de cerámica alemana representando a Papá Noel con su trineo, preciosa. Esa noche soñé con Smilja y los angelitos.

A la mañana siguiente hice *checkout* y pedí la nota de

los extras de mi habitación. Cuál sería mi sorpresa al ver que había una factura de la tienda de regalos del hotel por unas cuarenta mil pesetas, importe de un Papá Noel con su trineo. No está mal.

Esa misma Navidad me llegó una caja de cava Codorníu como regalo de parte de Smilja. Dentro del embalaje encontré otra tarjeta, la de una ilustre señora ibicenca que felicitaba las fiestas a la princesa con burbujas catalanas. Ella era así. Y del mismo modo que practicaba el trueque, hacía de intermediaria en las acciones más arriesgadas. Cierta vez, Donald Sutherland rodó en Ibiza *Problemas en la pensión La Rosa*, que se pasó sólo por televisión. Era imposible hablar con la estrella, pero para Smilja la palabra *imposible* no existe. Llamó al chófer y nos fuimos al rodaje. Habían acotado unas calles de Dalt Vila y nos dirigimos hacia un guardia de seguridad de lo que parecía ser el centro neurálgico de operaciones, o sea, de producción.

«*Good morning*», dijo en su germánico inglés. Preguntó por el mánager de Sutherland. «Hola, soy princesa Smilja —se habrá percatado el lector de que obviar artículos no es una licencia personal, sino el modo de hablar de la princesa—. Mi amigo el señor Sandoval, de *La Vanguardia* de Barcelona, y yo deseamos hablar con señor Sutherland.» Y sonrió.

«El señor Sutherland —siguió el hombre— no tiene previsto hablar con nadie.» «Y usted, ¿quién es?», siguió ella, manteniendo la sonrisa. «Soy su abogado, mánager y amigo.» «Bien. Entonces, señor mánager, abogado y... amigo, dígale a señor Sutherland que princesa Smilja y señor Sandoval tendrán el placer de cenar con ustedes a las ocho en Sausalito. Usted también puede venir. Recuerde, princesa Smilja.» Nos dimos media vuelta y nos marchamos.

Sin esperanza alguna por mi parte y todas las del mundo por parte de ella, nos presentamos a las ocho menos cinco en Sausalito (que luego sería temporal restaurante japonés de Paco Lladó, hermano de Juan, importantes constructores de la isla y propietarios de Malibú, el lugar más emblemático de la playa de Salinas). A las ocho en punto aparecieron Sutherland y su abogado, amigo y mánager.

Yo me levanté para saludarlos, Smilja simplemente les tendió la mano, que le besaron. Se sentaron a la mesa y Smilja empezó a disertar sobre lo divino, lo humano, Ibiza, el país y sus habitantes. Parecía un folleto de viajes organizados.

Me presentó y se quedaron igual. Smilja dio orden de empezar a preguntar, aunque antes pidió el menú. Algo de carne, queso, vino rojo, lo de siempre. Ellos lo mismo. A cada pregunta que yo formulaba, Sutherland ni se inmutaba, contestaba el abogado. A la quinta (pregunta), Smilja miró al abogado y le soltó: «¿Señor Sutherland no habla? ¿Está enfermo?» «No, señora, se encuentra perfectamente, sólo que soy yo quien responde.» «Pues a nosotros nos gustaría que fuera él.» «Pues seré yo.» Sutherland mantenía el tipo en ese encuentro absurdo. Finalmente aceptó el diálogo. La verdad es que no dijo gran cosa, banalidades, obviedades, lo de siempre cuando la estrella no vende una película. Lo extraño es que aceptase la entrevista bufet.

Estaba Sutherland con la frase en la boca y Smilja

soltó: «Ya tenemos suficiente, ¿verdad, querido?» Yo puse cara de póquer, ella se levantó y yo tras ella. «Un placer, señores.» Y nos fuimos. «Vaya par de idiotas... encantadores.» Y soltó una de sus carcajadas maquiavélicas. A todo esto habíamos dejado los platos a la mitad. «¿Qué hacemos, Smilja?» «Pues nos vamos a cenar a Can Pau.» Can Pau es un lugar de los llamados de toda la vida.

Posiblemente volveré a Can Pau. Y con Smilja, no se preocupen.

Inés Sastre

Inés ni es amiga ni enemiga, es otra de las relaciones extrañas que han pasado por mi vida. Tendría ella catorce años cuando la vi por primera vez. Fue en casa de Roser Marcé, la diseñadora catalana. Fui a buscarla para cenar, aunque me dijo que me haría esperar porque tenía un *casting*. Abrí la puerta y allí había una niña con uniforme de colegio. Llevaba una cartera, sonreía compulsivamente y, atención al dato, comía pipas con ahínco. La acompañaba su madre, una señora estupenda con la que no hablé. Porque me interesaba poner mi atención en aquella mirada salvaje, la misma que sedujo a Carlos Saura cuando le dio el papel en *El Dorado*. La cabellera negra recogida en una coleta en la nuca, una camisa blanca y el uniforme, blanco y negro, no recuerdo si a cuadros o pata de gallo. Pero lo fuerte era su mirada, viva, salvaje, como un tobogán que va a saltar sobre mis ojos. Salió Roser y se metieron en el despacho. Al cabo de un rato las vi salir. «¿La has cogido, supongo?»

«Tan pronto como la he visto», dijo la diseñadora. Ése fue si no el primero, uno de los primeros trabajos que hizo Inés Sastre, aunque luego se dijo que fue un anuncio de televisión comiendo hamburguesas; el poder de la imagen, ya se sabe.

Luego nos fuimos conociendo, poco, la verdad. Nos veíamos en París, en Milán, en Barcelona, en Madrid, en Ibiza. Y en Londres, su capital favorita, tanto que llegó a comprarse un apartamento. Una compra a la inglesa, que ata el compromiso del contrato a noventa y nueve años. Luego Inés alquilaría la casa porque su vida transcurriría más en París y en Italia, donde era considerada una estrella. Inés ha tenido varios novios, muchos de ellos muy buenos partidos, aunque se casó con un abogado italiano, Álex Corrías, con quien tuvo un hijo, Diego, que es su locura.

Como todas las modelos, Inés está obsesionada con el peso, y eso que es mujer de tendencia a la baja, o sea, de las que les cuesta engordar. Por eso la anécdota que sigue es curiosa.

Cinco personas en un coche, medianoche en París. En la calle nieva y el frío es insoportable. El grupo de amigos, tres hombres, dos mujeres, charla distendidamente. De repente se hace un silencio, ha pasado un ángel y se escucha un ligero resoplido muy tenue, como cuando uno hace pedorretas con los labios. Acto seguido un olor insoportable invade el vehículo. Nadie dice nada, pero a la tercera pedorreta el conductor baja su ventana a pesar del frío. Nadie protesta. Alguien rompe la incómoda situación. «¿Quién se está tirando estos pedos?» «Soy yo —responde una tímida Inés—. Es que estoy haciendo una dieta de ajos y me pasa esto.» Risas a discreción y ya está.

Indiscretamente, pero sin maldad, lo juro, escribí un artículo sobre el poder y pestilencia de ciertas dietas. Y sobre el problema de compartir un espacio cerrado cuando se está siguiendo la del ajo. Y conté lo de Inés.

Al cabo de unos meses, en pleno verano, cenando en Can Pau de Ibiza aparece la modelo y ocasional actriz con un grupo de italianos de rica apariencia y títulos varios vestidos a la última con camisas recién planchadas y el reloj a juego con los mocasines de Tods. Al final del grupo apareció Inés. Besos y abrazos, porque de entrada no recordó lo del artículo. Pero, a punto de sentarse, le viene a la cabeza, regresa sobre sus pasos, se acerca a la mesa y me pega una bronca fenomenal. Luego reímos todos, porque tuve que explicar a quienes compartían la mesa conmigo el porqué de la tardía y violenta situación.

Julio Iglesias

A Julio parece que le conozcas de siempre, pero jamás sabrás cómo es. Todos dicen ser amigos suyos, pero le quedan cuatro mal contados. Nació para ser estrella y realmente lo ha conseguido: los milagros existen. El mejor *crooner* latino, el que ha vendido millones y millones de discos. Como escribiera Maruja Torres, «Oh, cielos, es él».

Desde que alcanzó el estatus de estrella ha mantenido la misma actitud. Ordena y manda, y que se haga pronto. Lo tuvo muy claro siempre, desde aquella noche en Londres en que, tras ganar España el Festival de Eurovisión, les dijo al Dúo Dinámico, autores de «La, la, la», canción triunfadora: «Vosotros trabajaréis para mí.» Y así fue. Trabajaron para él incluso después de que las obligaciones de su estatus estelar le obligaran a abandonar en el proceloso camino de los grandes éxitos a parte de la gente que había contribuido a construir su triunfo. Julio abandonó a Alfredo Fraile, el mánager que le llevó de la mano caminando juntos por todo tipo de escenarios. Y digo de todo tipo. Julio abandonó a Toncho Navas, su mano derecha, uno de los que mejor le conocía vida y milagros.

Julio se quitó de encima a Jesús Mariñas, su periodista de cabecera, de una manera muy poco elegante. Cuando ETA raptó al doctor Iglesias Puga, padre del cantante, Jesús estaba viviendo en Indian Creek, en Miami, en casa de Julio. Tenían una buena amistad, aunque no sabría decirles yo si esa palabra, *amistad*, es la correcta. Jesús, excelente cronista, tenía un estrecho contacto con nuestra estrella. Tanto es así que compartía con él la preocupación por la delicada situación que estaba atravesando. La noticia suponía también, lógicamente, todo un *scoop* para el periodista, pero se lo había ganado con los años. De repente, un buen día Julio le pide a Jesús que abandone la casa porque desea estar con la familia solamente. Jesús se va y ese mismo día liberan al padre de Julio y ¿quién da la noticia? *¡Hola!*, naturalmente, y en exclusiva. Bonito, ¿no?

Julio siempre ha sido así.

Tiene varios trajes iguales, varias casas iguales, todas sus mujeres parecen hermanas, todos sus amigos son iguales. Así que si uno se estropea coge al de al lado, da igual, todos cumplen la misma función, la de servir al astro. Así, ¿qué más da un amigo que otro?

He estado con Julio en varios países y en cada uno de ellos he vivido situaciones muy diferentes, aunque todas son exactamente iguales. Podemos empezar por Ibiza, ya que estamos metidos en la isla desde hace unas páginas. Una de las veces que aterrizó allí, no sé si para un concierto o unas vacaciones, se instaló en Pikes, un delicioso hotelito de poquísimas habitaciones que alquiló al completo. Le llamé y me citó. Unos tremebundos gorilas me interceptaron el paso a pesar de todo y a punto estaba de llamar a la policía cuando apareció Julio sonriente. «*Is OK, is OK*», dijo exhibiendo su blanquísima dentadura. Ya en el interior asistí como invitado de piedra a una sesión de fotos que le hacían para *¡Hola!* Julio preparó el estilismo: salía del agua y el impacto debía ser ése, el rostro fresco y lozano del hombre nuevo. Como en un anuncio de colonia de esas que en televisión muestran como una propuesta de alquiler de servicios en francés preferentemente, Julio se sentía rejuvenecer en la imagen. Luego se puso un chándal y caminaba entre unos perros de raza que revoloteaban a su alrededor tan felices y contentos como el que fingía ser su dueño, pero mucho más conformados. A Julio no hay que fotografiarle las piernas y su lado bueno es el derecho. Julio caminaba alrededor de la piscina mientras el fotógrafo tenía que ir por delante con un grave problema: dada su menor estatura tenía que subirse a una escalera, hacer las fotos, bajar, más fotos, andar, subir, más fotos. Y Julio se enfadaba por la poca rapidez que la improvisada e inesperada sesión de gimnasia en que se había convertido la sesión de fotos no se desarrollara con mayor fluidez. Listas las fotos, pasamos al almuerzo.

Mientras charlamos esperando al resto de comensales, vi cómo uno de los gorilas se acercaba a una de las cuatro chicas que tomaban el sol en *topless* al otro lado de la piscina. La chica se puso el sujetador y se disponía a ir hacia la puerta tras el gorila cuando Julio, que estaba hablando conmigo pero controlándolo todo a la vez, gritó: «Eh, tú, ¿dónde va ésa?» Y el gorila: «Es que ha venido su novio y quería verla un momento.» La chica, que estaba de florero modelo tulipán porque era holandesa, se quedó quieta, no entendía español, pero era lista y adivinó el percal. «Ve y dile al novio que a su chica le pago tropecientas mil al día para que esté aquí y aquí se queda.» Y vaya si se quedó.

«Venga, todos a la mesa. Comeremos paella. ¿Te apetece la paella?», me pregunta. «Pues hoy no, me apetece un filete con ensalada.» «Estupendo, pero primero paella.» No quería paella, pero ahí me sirvieron la paella. A mí y a sus invitados, un matrimonio mexicano, las chicas de la piscina (que se acababan de comer un bocadillo y les sirvieron paella), su mánager, el buen amigo Fernán Martínez Mahecha, el de la santa paciencia, y algún añadido más. Por cierto, el vino también fue el que él quiso. Creo recordar, que eso va por épocas, que tocaba Pesquera, muy rico por cierto.

A los postres regresó el fotógrafo que había ido a buscar agua mineral para revelar las fotos (eran otros tiempos) y empezó a sacar negativos y negativos. Con una lupa, Julio los examinaba uno a uno. Con unas tijeras partía en dos las que no le gustaban, que eran muchas. Con las otras que quedaban hizo dos pilas. De la que había menos señaló: «De éstas, la que quiera para la portada.» Y de las otras añadió: «Y éstas para las páginas interiores. Ahora coge el avión (el suyo) y vuela a Madrid que las están esperando.» El avión era como un taxi: por la mañana había ido a Galicia a por marisco, ahora se iba a Madrid y Julio pretendía que me apuntara a la excursión, o sea, primero que fuera a Madrid con el fotógrafo y que luego el avión me llevase a Barcelona. Naturalmente, le dije que no para llevarle la contraria, porque me apetecía volar en su avión aunque sólo hubiera sido para contarlo luego. Volví a casa en vuelo regular de Iberia.

Hubo una época en que el hombre no parecía feliz. En realidad todos no somos felices alguna vez. Para ser fieles a la vida, creo que nunca lo somos, pero que nuestra capacidad de supervivencia nos hace creer que nuestro ánimo está por encima de cualquier estado. También debo señalar que tampoco he vivido con el divo, por lo que no soy nadie para valorar estos altibajos, así que me remitiré a esos espacios de tiempo limitados (mínimos, cortos, algo más largos) en los que estuve a su lado, los suficientes para poder contemplar sus estados.

París ha sido y debe de ser una ciudad que le gusta. Eso suele decirse cuando en un lugar se encuentra el amor. Y allí encontró a una de sus mujeres, la americana Sydne Rome.

Dueña de una belleza extraña que el bisturí ha corrompido y reconducido hacia el monstruo que todos ven y que nada tiene que ver con el original de la mujer que se oculta bajo «la piel que habito» (gracias Pedro Almodóvar), Sydne es una mujer entre divertida y alocada, algo que se percibe solamente al ver su boca destartalada. En una mueca de locura eternamente transitoria, Julio y Sydne se encontraron en un plató de televisión grabando un programa especial para fin de año. Él cantaba sus éxitos de siempre y ella un tema, «Di più», que era el único que se sabía entonces (gracias a Dios sólo grabó media docena más). Se vieron, se miraron, se gustaron y tal vez se enamoraron. Y digo tal vez porque si eso de enamorarse en el resto de los mortales ya es un misterio, imaginen lo que debe de ser en casa de una estrella.

Lo cierto es que Julio quería verla a toda costa. Y gracias a una colega de prensa lo logró. La colega susodicha fue alcahueta durante meses de una relación imagino que física al principio, en París, y que luego, cuando cada uno volvió a sus quehaceres, continuó por teléfono.

Ella volvió a su casa de Roma, donde vivía con su marido, Emilio Lari, el antiguo capitán de la selección italiana de rugby reconvertido en fotógrafo de moda a la moda. Estaban instalados en Via Po, 22, un *palazzo bianco*, como solía decir Sydne, pero en un ático, estupendo, eso sí, y enorme, también, en un edificio que tal vez algún día albergó a la nobleza, aunque en Italia los títulos andan sueltos. La colega de la que les he hablado buscaba una exclusiva, cosa que no podía hacerse de momento, dado el estado civil de ella. Julio andaba loco, llamaba cada día a Sydne, ésta a la colega y la colega a mí, y yo a Julio. La cadena duraba días, demasiados. Así que un buen día la colega y un servidor llamamos a Sydne y nos autoinvitamos a su casa, a su *palazzo bianco*. Y allá que nos fuimos. Para que vean ustedes lo insistente, lista y tramposa que es la colega, les cuento un incidente en el aeropuerto de Barcelona. Eran tiempos en que para volar a Italia se precisaba pasaporte. Y ella lo había olvidado en casa. No podíamos perder tiempo ni por supuesto aplazar el viaje, así que, puesto que para ir a París era suficiente el carnet de identidad, se compró un billete hacia la Ciudad de la Luz y así pasó el control de policía. Luego, cuando llamaron del vuelo a Roma, lo cogimos sin problemas, y tampoco los tuvimos al llegar a la capital italiana.

Hecha la trampa, llegamos en taxi a casa de Sydne, que nos recibió al lado de su marido, Emilio Lari. Cuando le vi comprendí que debía mantenerme alejado de la historia de amor (o lo que fuera) entre su mujer y Julio, porque la primera hostia sería para mí. Y no habría segunda, dada la corpulencia del señor, que al darte la mano ya te lesionaba unas falanges, sin querer, claro. Nos habían buscado un hotel porque la habitación de invitados la ocupaba aquellos días Lisa, la hermana bellísima de Sydne. Cosas que recordar del domicilio: la terraza cubierta, con enredadera en el techo; la nevera repleta de Moët, y el baño, con paredes forradas de papel con estampado de leopardo y la bañera, enorme, frente a la puerta de entrada, presidida por una foto gigante de Sydne desnuda que, presumiblemente, le había hecho Emilio, su marido.

Cuando la hermana y Lari salieron a sus cosas, la colega agarró el teléfono y llamó a Julio, entonces se lo pasó a Sydne y acto seguido la colega y yo nos fuimos: tuvimos suficiente con la cara de alegría y felicidad, la expresión de su rostro y el desmadrado rictus que adquirió su ya de por sí voluptuosa boca, siempre a punto de cualquier desmadre incontrolado. Y así todos los días. Lisa era nuestra guía y por las noches los Lari nos llevaban a cenar a lugares típicos, sitios estupendos donde la pareja era saludada con algarabía: él era una estrella del deporte y ella de la televisión, donde presentaba un programa semanal, *Domenica Inn*, que era líder de audiencia, y en el que cantaba «Di più, di più», domingo a domingo irremediablemente. Por Julio, Sydne hizo locuras: se escapaba en el avión privado del astro y regresaba a las pocas horas; se metía en un camión de soldados vestida como ellos para estar un rato con él, que cantaba en territorio palestino donde ella, judía, no podía acceder. La cosa duró lo que duró, o sea, hasta que ambos se cansaron de este juego de adolescentes del que Julio hubiera salido algo perjudicado; físicamente, claro. Porque emocionalmente pareció que sí, aunque uno siempre duda de la vulnerabilidad de las estrellas.

París siempre se rindió a Julio Iglesias, tal es así que una vez hizo coincidir uno de sus conciertos con su cumpleaños en septiembre. Y allá que nos fuimos. Julio tenía el corazón libre y no había más mujeres en su vida que las que, irremediablemente, estaban siempre en una de las habitaciones de sus suites envueltas para regalo, es decir, vestidas de fiesta. Un regalo que a menudo sería para otro, por lo que vi durante una de las cenas de estos días de vino y rosas. Estábamos todo el grupo en uno de esos bistrós fantásticos. Julio, sus amigos, la prensa amiga, o sea yo, y Conchita, mi mejor amiga. Y las chicas regalo, juntas, siempre todas juntas. Julio estaba sentado frente a mí, en el centro de la mesa desde donde podía fácilmente controlar la situación, como solía hacer. De repente, dirigiéndose hacia uno de los músicos sentado en su lado y que tonteaba con uno de los «regalos», le espetó en voz alta *dolby* estéreo: «Si quieres seguir conmigo es mejor que ni vuelvas a mirarla, ¿entendido?» Y el chico obedeció sin rechistar.

Julio siguió hablando como si tal cosa, aquí no ha pasado nada. Y nadie dijo ni mu. Después quiso que yo mismo comprobara cómo le ama el público de Francia. Y si a la llegada los clientes del bistró (gente de posibles... no era un lugar barato precisamente) le ovacionaron, quiso que viera con mis propios ojos (frase que siempre me ha parecido una ordinariez por obvia) cómo le quería también el pueblo llano. Me dijo «ven», y yo lo dejé todo y fui. Me llevó a la cocina atravesando el comedor, donde se repitieron los aplausos. Frente a la puerta de vaivén me dijo: «Ahora vas a ver.» Y vi. Había un montón de gente lavando, secando, barriendo, recogiendo, la mayoría de raza oscura y de distintas etnias. Nadie se inmutó, tan sólo algún pequeño gesto de asombro ante la invasión inesperada.

«Bon soir, bon soir», dijo Julio, como si saludara en un concierto. Y ellos siguieron con su trabajo al ralentí, sin dejar de mirarle, como temiendo cualquier amonestación de aquel par de chiflados que acababan de invadir su aburrido destino. Nadie dejó su quehacer mientras Julio les contaba lo feliz que se sentía en París, lo feliz que le hacía aquella cena (y que ellos no habían preparado, su trabajo estaba en la post-cena, o sea, lo suyo era el fregoteo y la escoba). Les dijo que era su cumpleaños y que al día siguiente ofrecía un concierto al que, por supuesto, estaban todos invitados. Nadie se inmutó. Alguno, mientras secaba un plato con un paño, insinuó algo parecido a *merci* y a algún otro se le escapó una sonrisa. Otros dos se miraron. Pero ni un grito, ni una foto, ni un desasosiego. Nada. El mismo silencio que nos acompañó en la entrada triunfal a las cocinas nos despidió. A pesar de ello, Julio se mostró feliz. «¿Has visto cómo me quieren? Del cliente al friegaplatos, soy feliz.» Y realmente lo parecía.

Porque a Julio sólo le he visto enfadado una vez en París, y fue cuando le hicieron una estética y tuvo problemas en un ojo, que le quedó un poco entreabierto. Pero es algo de lo que nunca hemos hablado y que conozco por la indiscreción de una amiga de Régine, la reina de la noche parisina, que era gran amiga de Julio y a la vez del cirujano plástico que le operó. No sé si después Régine dejó de ser amiga de los dos.

En realidad es difícil saber cuándo y cómo son las soledades de las estrellas. Les pillas alguna vez en un renuncio, pero son escenas aisladas en un contexto de felicidad premaquetada. Nadie tiene que verte mal, sería una debilidad imperdonable en una estrella, que por su categoría de tal están por encima del bien y del mal, y por supuesto de los mortales. Aunque de vez en cuando para mantener la juventud, pilar básico de esa inmortalidad absurda, tengas que pasar por el quirófano y te dejen un ojo a media luz.

Una vez pillé a Julio en esa soledad, triste. Como estábamos en París, me gusta escribir ahora *Bonjour tristesse*. Fue durante esos mismos días. Camino de la RTF, que como todos ustedes saben son las siglas de la Radio Televisión Francesa. Faltaban apenas veinticuatro horas para el concierto de Julio; creo recordar que era en el Palacio de los Deportes. El aforo estaba lleno, decían todos, por eso me extrañó que una llamada para hacerle una entrevista en televisión levantara tanto revuelo entre el séquito. Claro que quien llamaba era Christine Ockrent, la reina de los informativos, la estrella del telediario de las ocho en Antenne 2, el más visto en toda Francia. La Ockrent era tremenda, incisiva, cortante, directa y sin recato. Quería entrevistarle en el informativo de esa misma noche. Faltaban unas tres horas, yo estaba seguro de que Julio declinaría la invitación, pero aceptó. En aquel entonces eso de incluir una entrevista en un telediario era totalmente novedoso: de hecho, sólo algún político o intelectual había pasado por allí, pero Julio debía ser el primero. Dado el plan que alteraba el programa, el caos logístico que se armó en la suite del hotel fue tremendo.

Unos por aquí, los otros por allá, cada cual tenía su misión y el que no estaba por el catering estaba por las luces y si no por la ropa. Los músicos se habían ido y hasta Fernán Martínez Mahecha, su brazo ejecutor, la agenda viviente de la estrella, había desaparecido. Así que, a las malas, Julio me pidió que le acompañara.

Me pidió que recogiera uno de los trajes que habían bajado para repasar a la lavandería y que volviera enseguida. Lo hice y cuando llegué a la habitación ya estaba listo para salir. Iba, como siempre, de punta en blanco, o mejor dicho, de punta en azul marino, uno de los colores que nunca abandona junto con el negro. De hecho, junto al blanco los usa para sus promociones, es su *look*, aunque en su ropero hay de todo. Salimos corriendo como si le fuera la vida. El coche ya nos esperaba. Subimos Julio y yo con el perchero. Atravesamos París a toda velocidad. El paisaje no desfilaba, sino huía ante nuestros ojos. Julio estaba nervioso, yo fascinado ante la aventura. De repente se hizo el silencio, me miró, bajó la vista. Escudriñaba por la ventana, pero debía de ver lo mismo que yo, apenas nada. Pensé que se estaba arrepintiendo de haberme llevado, de mostrar una cara del ídolo que nunca había visto. Julio nervioso, tenso, preocupado, diría. Yo lo veía así y me miraba pensando: «Yo sé que tú sabes que yo sé.» Y volvía a bajar la vista. Apenas hablamos durante el trayecto, hasta que el coche llegó a las instalaciones. Todos le estaban esperando. Entramos como en una exhalación y nos instalaron en un camerino. Solos. Yo con la percha, sentado, Julio de pie tratando de calmar unos nervios que nunca le había visto. En un monitor veíamos el noticiario. La Ockrent era directa en sus informaciones, no titubeaba, era de las que sabían de lo que iba. Es decir, parecía prescindir del *pronter*, ese aparatito mágico donde los presentadores leen sus textos. Tal vez ella también leía, pero conocía de antemano de qué iba todo.

Julio entró en el baño y se cambió. Salió de Julio Iglesias, aunque había entrado también como tal. Se ajustó la corbata al cuello, se miró los zapatos, relucientes, que no se había cambiado. Se sentó. Callado. Era un tanto insostenible la situación de espera para él, acostumbrado a mandar en todos y en todo: a su grito de «venga, vamos a hacerlo» se moviliza su ejército particular, pero aquella guerra no era la suya. Pasaban los minutos y allí nadie decía nada. «¿Se habrán olvidado de nosotros?», musité en voz baja. Él me miró y fingió una sonrisa. Faltaban apenas cinco minutos para que terminase el informativo cuando se abrió la puerta y apareció el regidor, un señor con cascos, muy poco amable. «*Vite, vite*», mandó, y salimos disparados hacia el plató, que estaba a escasos metros. Me cortaron el paso mientras veía cómo le indicaban a Julio que se sentase a escasa distancia de Ockrent, aunque no estaba en plano. Ella hablaba y hablaba hasta que de repente mencionó el concierto. Me fastidia no recordar exactamente las palabras de la periodista, pero más o menos fue así. Dice ella: «Mañana canta en París el cantante latino más importante del mundo, Julio Iglesias.» Se abre el plano y aparece el cantante, cambio de plano con los dos y la Ockrent suelta: «Julio, dicen que tu voz acaricia como un gato susurrando a las mujeres. Pero dime la verdad, ¿te gustan los gatos? ¿Tienes gatos en tu casa? ¿O prefieres los perros?» Julio, atónito, pero resolviendo muy bien la papeleta, puso cara de estar ante una pregunta fundamental y dijo, convencido y ofreciendo su mejor tres cuartos facial: «La verdad es que en casa tengo perros.» «Genial —dijo Ockrent—. Un seductor que entre perros y gatos prefiere los perros. No se lo pierdan, mañana en el Palacio de los Deportes.» Y ahí se acabó la entrevista y el telediario.

El regreso al hotel fue más silencioso que el viaje de ida. Con todo, Julio acertó a decir «qué gran profesional es Christine». Habló de su impresionante poder en los medios, de su carisma. «Es una gran líder de opinión.» Y se acabó. El retorno se hizo interminable. Ni el uno ni el otro tocamos la entrevista. «¿La has visto?», me preguntó. «Sí», le dije. Y mentí: «Pero no he podido escuchar nada. Ha sido corta, ¿no?» Como salvado por la campana acertó a decir: «Genial, esta mujer es genial.» Y ya está.

Por la noche nadie habló de la entrevista. Luego nos fuimos a cenar con Ursula Andress, que se había hecho gran amiga suya gracias a los auspicios de Smilja Mihailovitch, que durante algunos años fue como su confidente sentimental.

Lo que me pasó con Julio en Río de Janeiro le pertenece como centro de la historia, aunque no es el protagonista de ella. Es el eje del cuento surgido a partir de un pesebre. Me explicaré. Los periodistas solemos llamar pesebre a cualquier hecho paralelo a la profesión que implique un desplazamiento. En otras palabras, que nos inviten a un viaje. También se llama pesebre a cualquier objeto material que se nos entregue para uso y/o consumo directo: que nos hagan un regalo. Lo normal es que gente agradecida por cualquier artículo te mande unas botellas de champán por Navidad, una corbata o, en el mayor caso de esplendidez, un surtido de comida, lo cual se agradece, tal como andan los tiempos. Fuera de la temporada navideña cualquier obsequio debe examinarse con lupa, que las cosas regaladas son las menos apreciadas y pueden convertirse en dardos envenenados que se disparan en contra de quien los acepta. Si el regalo se hace antes de que se publique nada, entonces se llama soborno. Y eso sí que es grave, vamos que es delito. Como periodista de sociedad he sido tentado de mil maneras, aunque la seducción no ha llegado a poseerme nunca. No por un exceso de honradez, sino porque siempre he pensado en las consecuencias que podrían repercutir en mi familia. No por mí, que han sido ellos, la familia, quienes se han responsabilizado siempre de la limpieza interior, que la exterior me la he trabajado solo. Es aquello de la mujer del César, que no sólo debe ser honrada, sino que además debe parecerlo. Además, siempre he pensado que aquel que hoy te viste de oro mañana te pide el culo. Y entonces pueden pasar dos cosas: o se lo das y ahí te pierdes (honra posterior rota para siempre), o se lo niegas y ahí es peor, porque la venganza se extenderá en forma de maledicencia por el mundo entero. Y todos sabrán lo sucedido, probablemente corregido y aumentado.

Respecto a mi honradez, señalo por mi parte que he devuelto un coche y algunas cantidades de dinero notables, muy notables. Eso faculta, entre otras tranquilidades, para poder escribir como lo estoy haciendo y no como algún que otro colega, en concreto una colega a quien llaman la Reina del Pesebre, que tiene los armarios plagados de cohechos. Tiene la mujer complejo de tordo, la cara pequeña y el culo gordo, pero el armario repleto.

Puestos a ser sincero, señalaré que sí, que me quedé una cosa, pero entenderán enseguida el cómo y el porqué. Entre mis múltiples empleos (he llegado a escribir en cinco sitios a la vez la misma noticia según el tono de la publicación), figuró uno curioso. Dado que me movía entre la *jet set* barcelonesa, todo el mundo me invitaba a sus fiestas, y eso te enfrenta a un peligro que no supe resolver, al menos en parte. Aunque nunca creí formar parte de ella, frecuentarla con tanta asiduidad me hacía estar inconscientemente en sus vidas, aunque no formase en absoluto parte de ellas. Eso era un peligro, porque sabía de sus vidas y milagros casi tanto como ellos, pero yo no era uno de ellos. Y eso me convertía en un arma de destrucción masiva si a mí me hubiera dado la real gana de explicar sus interiores, algunos pésimos y que años más tarde se convertirían en escándalos de todo tipo, desde asuntos del corazón, siempre tan festivos, a otros financieros, de cuyo calado me voy a abstener siquiera de opinar. Y vamos volviendo a mis múltiples trabajos, que me enrollo mucho. Gracias a mis salidas nocturnas estaba en todos los saraos de todas las discos. En una de ellas, el director, un tío con una cara impresionante (se llevaba a casa comida, champán y puros de la empresa), me encargó hacer la revista de la casa. Una especie de Biblia de todas las fiestas que se hacían allí: todos querían estar en esa especie de feria de vanidades y para ello debían acudir cada noche a gastar. Cuantas más fotos te hicieran, más oportunidades tenías de salir. Antes de seguir y para que nadie se llame a engaño, la disco no era Up & Down, donde siempre han mantenido un nivel ético por encima de todas las cosas y tenían el detalle de invitar a la prensa a dos copas cada vez que acudía, aunque no fuera a trabajar.

Bien, sigo. El director obsceno me propuso un negocio: él dirigía el asunto y otro individuo (cuando tenga tiempo buscaré cuánto hay de despectivo en esa palabra) buscaba la publicidad, ya que al regalarse los ejemplares el anuncio era la única e inestimable fuente de ingresos. Con el dinero recogido se pagaban los gastos y el resto a repartir entre los tres. Se preguntarán qué hacía yo: pues el resto, es decir todo, desde la portada hasta el *copyright* de la contraportada. Al pasar cuentas de la primera, que resultó un éxito, no quedó nada. «Es normal en el primer ejemplar», me dijo el director. Lo que no resultó tan normal fue que en la segunda tampoco, ni en la tercera. Yo andaba preocupado por tanto gasto, pero como mi noción era (y es) nula en negocios editoriales, creí todo lo que me decían, no me quedaba otra opción. Pero hete aquí que un día fui a comprarme ropa para unas fotos que Oriol Maspons (célebre fotógrafo barcelonés) debía hacerme para una revista (en aquel entonces yo era una celebridad local y líder de opinión). Y me fui a un par de tiendas anunciantes en la revista para hacerme un completo, es decir traje, camisa, corbata y zapatos. Realmente quedé hecho un pincel. Y a la hora de pagar, los dueños me preguntaron si lo abonaba o lo cargaban a cuenta de sus anuncios en la revista que yo hacía. Porque la hacía YO.

Y allí me enteré de todo; mis «socios» cobraban en especie. No tocaban dinero, pero se llevaban cosas de la mayoría de tiendas anunciantes a cuenta del anuncio. Así, desde luego, era natural que no quedase dinero. Como es lógico, dejé de trabajar para ese par de impresentables, no volví a la disco y le conté a la ciudad entera lo que había sucedido: a nadie le extrañó, todos sabían de la calaña de los sujetos, todos menos yo. Ya ven, yo tan listo, tan cercano y tan metido en su círculo.

En fin, que pasaron los meses y un buen día recibo una visita en *La Vanguardia*, cuando estábamos en la redacción de la calle Pelayo (o Pelai, que no quiero molestar a nadie). Era él, el director de la disco y de la revista.

Me resistía a recibirle, pero al fin accedí. Allí estaba, con su traje nuevo, impecable. «¿Cómo puede uno ser un sinvergüenza y parecer un señor?», me pregunté, y me respondí que era el aspecto, el traje, el pelo, la manicura, los zapatos: el disfraz perfecto. «¿Qué quieres?», pregunté con estudiada y por tanto falsa altivez. El hábito hace al monje, pues en este caso sí, aunque menudo monje. «Saludarte y traerte una felicitación», anunció triunfador.

Exhibía su sonrisa habitual, entre prepotente y cínica, que tanto éxito le proporcionaba entre las muchachas en flor. Saludó mientras uno de sus habituales puros (en aquel entonces La Flor de la Isabela) se balanceaba peligrosamente entre la comisura de sus labios. Como siempre, no se cayó.

«Bien, tú dirás.» Y dijo: «Como se acerca el aniversario he pensado que era el momento en que deberíamos hablar, firmar la paz.» Cierto, pensé, se acercaba mi cumpleaños. ¿Cómo lo habrá recordado? Me hizo gracia el detalle y por un momento caí en la trampa. De una bolsa, inequívocamente de Cartier, sacó un paquete y me lo dio. No dije nada, pero recuerdo que sonreí. Lo abrí. Era una pluma modelo Pachá, con capuchón y otros detalles en oro. Me gustó muchísimo. Y cuando iba a darle las gracias, con perdón incluido y pelillos a la mar, pregunté: «¿Cómo te has acordado?» «¡Cómo no iba a acordarme del día en que abrimos la discoteca hace un año!» Joder, pensé. No era mi cumple, era el de la disco. Agarré la pluma, le aclaré mi confusión y añadí que, a pesar de todo, y a cuenta del dinero que me debía y de que realmente lo que me importaba era mi cumpleaños y no el que venía a venderme, me quedaba con la pluma y que adiós muy buenas. Se quedó impasible, era realmente un carota. Con una mezcla de cabreo y jolgorio encontré al director de *La Vanguardia* (en aquel entonces Lluís Foix: he sobrevivido a cinco), y le conté la historia. «Eso no está nada bien», me riñó con cariño. «No estará nada bien si algún día vuelves a leer el nombre de este señor o de la disco en alguno de mis textos. Ese día me despides y no pediré nada a cambio.» Metí la pluma en un cajón y jamás la he usado.

Vamos a volver a Julio, ¿recuerdan que hablaba de él? Sé que estas historietas personales rompen la narración, pero aclaran conceptos. Bien, estábamos en Río de Janeiro con la estrella.

También les contaba que yo estaba en la capital carioca por un pesebre, que de ahí ha venido todo el subjuntivo texto. El viaje lo pagaba Quartier, una disco a la moda, sede de grandes fiestorros con personajes populares, donde habíamos pasado muchas y divertidas noches. Después de un tiempo dirigida por Mateo Fortuny, inventor de las *paparritas* o fans de cantantes adolescentes (lo que hoy sería Justin Bieber y similares), pasaría luego a manos de Paquito Pamies asistido por Marieta Espinar, guapísima señora que estuvo como presentadora en la televisión autonómica de Cataluña y participó en un par de olvidables películas. A sugerencia de Pamies, la casa nos invitó a varios a pasar unos días como agradecimiento a los escritos dedicados a lo largo del tiempo. Logré incluir en el viaje a uno de los colegas que no habían sido invitados, por ser amigo personal y padrino de uno de sus hijos. Como no había habitaciones libres en el hotel, tuve que compartir la mía con él, algo que no me ha gustado nunca, pero lo hice. Fue un viaje de placer y de sexo, porque sólo llegar, y sin pasar por el hotel, nos llevaron a una casa de masajes llamada El Avión, plagada de señoritas putas ideales para arreglar el *jet lag*. Era una camaradería que se prolongaría en días sucesivos en distintos lugares. El más exótico de todos era La Isla de las Mujeres, una especie de Disneylandia del sexo al aire libre, con piscinas del amor y baños turcos. A la mañana siguiente de llegar leo que Julio cantaba en Río y llamé al hotel. Hablé con Fernán Martínez Mahecha, su mano derecha y gran amigo mío, que concertó una cita para almorzar con la estrella. Como llamé desde la habitación, mi colega y compadre escuchó y me pidió apuntarse, cosa a la que me vi obligado a acceder. Al día siguiente nos reunimos con Fernán en la terraza del hotel, habilitada casi exclusivamente para uso personal de la estrella. Julio estaba tumbado al sol con el torso desnudo con un pantalón largo de chándal, ya que no le gusta mostrar las piernas, que considera muy delgadas. Risas, abrazos, en fin, las tonterías habituales. Comimos lo que él pidió, como siempre, aunque esta vez no protesté, me daba igual, no tenía apetito. A la hora del postre apareció un equipo de la televisión local para grabar una entrevista. La sorpresa es que en el improvisado set apareció un león de apenas unos días. Julio empezó a jugar con él, unas imágenes estupendas por lo diferentes que resultaban. En este

La cara de felicidad refleja el estado del alma: con Isabel Preysler estoy en la gloria.

Entre dos genios: Spielberg del cine y Jeffrey Katzenberg de las finanzas cinéfilas, en el despacho del primero, en Los Ángeles.

Jacqueline Bisset, toda leopardo, en París.

Pintando un cuadro colectivo, pincel con pincel, al lado de Sempronio (Andrés Avelino Artís), y el mago de las costuras, Pertegaz (en primer término), hace un millón de años en Barcelona.

Rodando un *spot* para un perfume de Puig en Barcelona, dirigido por Polanski, del brazo de Elle Macpherson.

Jean Paul Gaultier es una maravilla de persona y un sensacional creativo, en París.

Breve encuentro, entre dos galas (Castell de Peralada y Londres) de otro monstruo, Liza Minnelli.

En un restaurante del Poblenou barcelonés, despidiéndome de Charlton Heston.

La infanta Pilar de Borbón, tras un almuerzo en el Museo Thyssen de Madrid. Tita andaba por ahí...

Polanski en el centro, a un lado su íntimo amigo José Antonio Santamaría, *Santa*, y al otro yo, esperando a alguien para cenar en París.

Para un reportaje promocional de «Roba neta, roba bruta», de TVE versión catalana, con la genial Carme Conesa.

Abrazos cordiales con Yvonne Reyes, en Ibiza.

El soso de Steven Seagal aguanta mis improperios entre los cimientos del desaparecido Planet Hollywood barcelonés.

Realmente, Gila era entrañable.

De cena en el Up & Down de Barcelona con la única, Lola Flores.

Tras una entrevista con Ornella Mutti en el Maremagnum de Barcelona.

Para hacer deporte nada mejor que Nati Abascal, todo un icono de moda y de lo que sea.

mundo de la prensa se valoran mucho las novedades al respecto. Mi amigo y colega, al que yo había conseguido meter en el viaje, se lanzó a hacer fotos. Yo no llevaba cámara y le avisé de que las fotos que hiciera eran para los dos, porque sin mí él no estaría allí y todos esos rollos de samaritano bueno. Así me lo juró y seguimos. Tras la entrevista, Julio bajó a su habitación y se vistió de *sport*. Ordenó: «Vámonos», y nos fuimos hacia la sala donde cantaba esa noche, un restaurante espectáculo de lujo, enorme e increíble. Probó sonido. «Sentaos aquí», y nos sentamos ahí. Subió al escenario para hacer un fraseo, unas escalas con el micrófono a todo pulmón. Nos dejó impresionados. Pero era fácil, utiliza unos micros tan sensibles que aun cuando cantando lo baja hasta la barriga se le escucha el más mínimo suspiro. Bajó y, altivo, soltó: «¿Qué os ha parecido?» «Fantástico», le dijimos a coro. Saludó a sus chicas, impresionantes americanas, les pidió que hicieran unas notas y nos fuimos dejándolas ahí sueltas.

«Ahora a descansar y esta noche os quiero aquí.» «Señor, sí, señor.» Y allí estuvimos esa noche. Era una marabunta, un gentío como si el estadio de Maracaná se hubiera desparramado. Realmente, era un ídolo también allí. Martínez Mahecha nos acomodó a mi colega y a mí (los demás habían vuelto de putas a la enésima sauna que les quedaba por descubrir), y cenamos. A los postres cantó Julio. Y allí ya fue el delirio. Con un agobio insoportable, de calor, gritos e histeria, nos escapamos en la canción número ocho. La bronca al día siguiente por no haber ido a los camerinos a verle fue descomunal. Así que para no añadir otro problema al viaje (con lo de las putas ya había bastante), anulé las siguientes citas.

Lo bonito y curioso de esta cita brasileña es que mi colega y amigo envió las fotos de Julio y el león a su periódico, en plena competencia con el que yo trabajaba (y trabajo), que las publicó en portada. «Perdona, yo pedí que esperasen mi regreso, pero me han engañado», dijo como burdo pretexto a su traición. No escarmentaré nunca. Me las ha hecho igual dos o tres veces más.

Imprevisible, Julio es de los que llaman sin avisar y se pone gracioso: «Mariconcete, ¿cómo vas? Cuenta, cuenta, ¿cómo están las chavalas catalanas?», suelta. Tiene obsesión con mantener el flujo sexual hombre-mujer como base de su existir. Que nadie dude de que es un truhán, es un señor, pero todo un hombre. Al fin y al cabo después de tantas mujeres es padre de ocho hijos y poco tiene que demostrar a nadie, si es que en esta vida tienes que demostrar algo a otra persona que no seas tú mismo.

Volvimos a vernos en Barcelona, cuando cantó en el estadio del Barça. Era la primera vez que lo hacía ante cien mil espectadores y tenía una sola preocupación: que la foto reflejara eso, la multitud frente a él. Estábamos en el hotel, en La Rambla de Barcelona. Faltaban semanas para los Juegos Olímpicos y andaba el hombre paseando por la suite, dándole vueltas a la cabeza. De repente se me ocurrió algo. «Julio —le dije—, cantar ante tanta gente está bien, muy bien, pero la diferencia entre sesenta, ochenta o cien mil personas es un dato numérico, a simple vista no se aprecia.» «¿Entonces...?» «Mira, hay una cosa diferente —dije pensando en el león brasileño—. Nadie ha visto la mascota de los Juegos. Sal con ella a escena.» Julio miró a Martínez Mahecha y los dos a mí. Les pareció genial, aunque había problemas: nadie la tenía. Sólo unos pocos la habían visto y no estaba disponible seguramente por derechos de imagen. Me arriesgué, cogí un papel y un lápiz y dibujé a *Cobi* a mi aire. Y me fui.

Llega la noche del concierto, el estadio a tope, y canta Julio. Maravilloso, ovación de gala, más ovación, más ovación y, finalmente, abandona el escenario. ¿Lo abandona...? No, vuelve a aparecer, pero no lo hace solo. Le acompaña un *Cobi* en porexpán de gran tamaño. El corazón me da un vuelco: lo había hecho. Julio saluda agarrado a la mascota y los *flashes* se multiplican hasta el infinito. Para rematar la faena, Julio da un traspié, se cae *Cobi* y se rompe.

La visita al improvisado camerino fue épica. Julio en albornoz mientras una masajista le devolvía a la realidad de sus huesos humanos, que no de estrella. Todos nos preguntábamos qué podía pasar. De momento él seguía con su guión habitual, pedir cosas que no usaba, mandar, lucir su espectacular dentadura, invitar a cualquier señora o señorita de buen ver a que se fuera con él esa misma noche a Las Vegas, donde actuaba en dos días.

Julio se fue al día siguiente y entonces empezaron los problemas. Recibo una llamada de Margarita Obiols del Ayuntamiento de Barcelona, de parte de Josep Miquel Abad, uno de los responsables de los Juegos y que se hallaba en Japón. La cantidad de delitos cometidos era innumerable, desde apropiación indebida de un bien municipal, a utilización de símbolo y su rotura posterior. Me veía en Sing Sing por el resto de mi vida. No tuve alternativa y hablé con Julio, que había llegado a Las Vegas. A su vez él contactó con el alcalde Pasqual Maragall y se solucionó todo. Pero fueron un par de días terribles: yo que sólo sugerí, dibujé y escuché era el más malo de los mortales. A todo esto, Mariscal, autor de *Cobi* y amiguete, jamás me dijo nada ni pidió cárcel para mí.

Nada. Sólo una pregunta quedó por resolver: ¿cómo se enteraron de que fui yo?

«A ver, quiero hablar con el señor Josep Sandoval.» «Soy yo», respondo a un Julio que finge con una voz nasal absolutamente reconocible. «¿Usted? Qué va, usted tiene voz de joven y Sandoval ya debe de andar por mis años, es mayor, mayor...» «El mayor eres tú, cabroncete.» Y así. Cuando Julio está de humor es que quiere verte o hablar contigo, pero de cerca. Me cita para almorzar en el hotel La Florida de Barcelona. Fue la última vez que le vi. La comida era para el mismo día y a la misma hora en que el prestigioso hombre de la radio Luis del Olmo entregaba sus premios, una de las citas obligadas de todo profesional que se precie. Me disculpé, pero Julio no acepta disculpas.

El día del almuerzo con Del Olmo, sentado a la mesa, suena mi móvil. Era Julio insistiendo. Le dije dónde me encontraba y que, además, estaba al lado de un viejo amigo suyo: Jaime Arias, uno de los periodistas más respetados de la profesión, y que había ayudado mucho a Julio en sus inicios como cantante. La esposa de Arias, la recordada Pilar Gabassa, fue su gran apoyo barcelonés. Le paso el teléfono a Arias, habla con Julio, y ya estamos los dos dentro de un taxi camino del Tibidabo, donde está el hotel La Florida.

Julio nos hace esperar, cosa normal. Tenemos apetito, hemos dejado un suculento botillo en la mesa para ese otro menú con estrella que no acaba de llegar. Finalmente se abre una puerta y ahí está, resplandeciente, luminoso, como siempre, su vida sigue igual. Abrazos, besos, lo de siempre. Le llaman al teléfono y se disculpa. Así hasta que, pasada una hora y media, y tras haber atendido no sé cuántas llamadas, salió de la habitación vestido para irse a toda prisa, iba a no sé dónde. Salimos corriendo y nos invitó a acompañarle. Pero sólo había un coche y no teníamos plaza. Nos dejó tirados no sin antes darnos los besos, abrazos y achuchones habituales.

Después vinieron las llamadas citadas, las postales de Navidad con la familia incluida y una entrevista vía teléfono tan rápida que terminó con «oye, me conoces muy bien, pon lo que quieras, seguro que no te equivocas». Escribí y no protestó. Y es que a las estrellas de verdad les da igual lo que uno publique, lo importante es que salga, sea verdad o menos verdad (que no mentira), bien grande y a ser posible en portada. Sobre todo si eso sucede unos días antes de la publicación de un disco nuevo o de un concierto. Son amigos coyunturales, no interesados, pero algo de eso hay. Mantener el brillo cuesta lo suyo, y mantener el contacto, aunque sea diluido, inconstante, frío y sin sombra de cariño, es un trabajo paralelo que deben hacer. En especial si al que se llama trabaja en un medio más que notable. Viven de su arte y como cualquier producto que no es de primera necesidad, debe anunciarse a toda costa, en todo momento y a cualquier precio. Miren sino la Coca-Cola, que no para de hacerlo y aparentemente se vende sola.

Victoria Abril

La conocí en una rueda de prensa, presentando en Barcelona la película *La batalla del porro*, secuela de *La quinta del porro*, en la que ella no estaba, y cuyo éxito comercial incitó a esa segunda parte que no funcionó tan bien. Antes la había visto, como millones de españoles, detrás de unas gafas sin cristal atendiendo las órdenes del rígido Ibáñez Serrador en aquel celebérrimo *Un, dos, tres...* que nos mantenía atados a la pequeña pantalla todas las semanas. Era la más pizpireta azafata, la más lista, la que atraía todas las miradas. Luego la recuperé nada menos que de la mano de Richard Lester y al lado de Sean Connery y Audrey Hepburn en *Robin y Marian*. Era un papel mínimo, apenas una frase, una petición. Encarnaba a la joven reina Isabella, que suplicaba al rey Juan Sin Tierra que volviera a la tienda de campaña a proseguir una relación que se presagiaba muy sexual, dado el escaso vestuario de Victoria, apenas una piel por encima de los hombros.

En la rueda de prensa ya iniciamos una relación personal que, como tantas otras veces, yo traduje en amistad. Y es que no sé qué pasa: cuando conoces a alguien y una primera conversación funciona, ya crees que puedes incluirlo en tu lista de afectos personales. Y nunca suele ser así.

Compartí con Victoria muchas anécdotas y ocasiones, algunas de ellas peculiares. Me había seducido desde siempre, incluido su arriesgado papel de transexual en *Cambio de sexo* de Vicente Aranda, un trabajo que había rechazado Ángela Molina. Creo que después del estreno y de una entrevista en una discoteca la acompañé al hotel, uno pequeñito en la parte alta de la ciudad. La llevé en un Mehari, esos estupendos coches de plástico de color naranja al que le faltaban las puertas. No tenía confianza con ella y repasé todos los detalles, la investigué de pies a cabeza. Al llegar al hotel la ayudé en recepción y mientras ella rellenaba la ficha de entrada leí en la etiqueta de su bolsa de equipaje, Gérard de Battista. Ella, que es muy lista y trata de controlarlo (y lo hace) absolutamente todo, me pilló la mirada. «Es mi pareja —me dijo sonriendo—. Ya te lo presentaré en la próxima ocasión.» Y así fue. Gérard era un cámara de cine, de cierto reconocimiento en Francia, país donde Victoria es también una estrella. Siempre decía ella que el cine era imagen pura y dura, y que hay que enamorar al espectador a través de quien maneja la cámara. Y cuanto más guapa te saquen, mayores son las posibilidades de repetir, al menos en los inicios de una carrera de dura competencia.

Victoria enamoró a Gérard, con quien compartió varios años de su vida y con quien tuvo dos hijos, Félix y Martín, hoy dos adolescentes simpáticos y muy buena gente. No puedo decir lo mismo del padre, francés cerrado, que nunca hacía concesiones al idioma de su esposa: no pronunciaba ni una palabra en castellano. En realidad tampoco hablaba en francés, porque cuando abría la boca era para pedir «jamón y vino Rioja». Su osadía era tal que una vez que llegó solo a Barcelona para rodar un anuncio publicitario, llamó para cenar y, como es natural, volvió a autoinvitarse. Pero le salió el tiro por la culata. Porque tras el jamón, las gambas, el Rioja y otros lujos me marché del restaurante sin decir ni pío. Supongo que pagó él, pero Victoria jamás me comentó nada.

Ella seguía haciendo cine, aquí, en Francia, en Italia y hasta probó en Estados Unidos, aunque lo del continente americano no salió del todo bien. Luego lo cuento. Ella seguía viajando a Barcelona por cualquier motivo. Y en uno de esos viajes coincidió con la reapertura del Teatro Arnau, una de las sedes del *music hall* del Paralelo y que tras varios años de olvido volvía a la vida pública de la mano de un revolucionario y visionario empresario llamado Pepe Buira. Llegaba la noche del estreno y le dije a Victoria si le apetecía ir. Estaba encantada con la idea, pero no tenía ropa para ponerse, la había avisado demasiado tarde. Así que cogió una americana de mi armario y se la abrochó a la espalda. Como le venía ancha, se ató a la cintura una corbata muy ancha de color fucsia que había sido una de las promociones publicitarias de uno de los locales más emblemáticos de Barcelona, Bocaccio. La corbata llevaba una sofisticada «B» de varias patas de estilo modernista en el centro.

Aunque llegamos al teatro con tiempo más que suficiente, el gentío convertía en aventura acercarse hasta la puerta. En el camino, todos los medios de difusión habidos y por haber. Aunque a Victoria le daba igual, yo le aconsejé que el modelito no era el adecuado para una noche de estreno en que además se reabría un mítico local del Paralelo. Trataríamos de entrar por alguna parte fuera del alcance de los objetivos. De la mano de Juani de Lucía, dueña y directora del Bagdad, la sala de sexo en directo más enigmática de Europa, nos fuimos a un bar anexo al teatro, pero que tenía la entrada por la calle Conde del Asalto. A través de patios y pasillos, se abrió una puerta y aparecimos en los vestuarios del teatro. La gente que iba ocupando sus butacas y no esperaba a nadie que no hiciera la entrada triunfal a ritmo de los *flashes*, no reparó en Victoria, que se parapetó detrás de mí. Así llegamos a la fila cuatro, pasillo. Y nos sentamos sin llamar la atención. Todo se desarrollaba perfectamente, el espectáculo iba estupendamente. Todo menos algo mío. Resulta que en mi afán de absurda notoriedad, me atreví a escribirle un número a una de las estrellas de la casa, la hoy célebre Loles León. En aquella época mis viajes a Londres eran frecuentes: amaba la ciudad, me veía todo el teatro que podía, compraba ropa y cosas diferentes. Había visto *Cats* y como es lógico salí canturreando «Memory», el tema para el que contrataron a la estrella de *Evita*, Elaine Paige. Manos a la obra escribí un número para Loles en el que una gatita, triste y desconsolada, se paseaba por los tejados del Paralelo lamentando la pérdida de un amor. Sugerí que el traje fuera una malla ajustada, que llevase casco de pelo con orejas gatunas y la cara maquillada como un felino triste.

A Loles, la gente la había conocido en un lugar tan emblemático como la Cúpula Venus, situado al final de la Rambla, que de la mano de Joan Estrada se había convertido en cuna alternativa donde cabía toda manifestación artística que se preciara. Allí creció Loles León. Cantaba «La Rabanitos», cuplé en el que una señora que vendía rábanos se apuntaba a las lamentaciones erotico-festivas habituales. Y «El pito», de reminiscencias genitales.

Naturalmente, verla vestida de gato maullando un tema tristón y, lo siento por mí, aburrido, no ayudaba nada a su promoción. Así que de acuerdo con el empresario y para suerte de Loles León, el número tuvo esa misma noche su defunción para alegría de todos, incluida la mía.

Bueno, todo iba bien, a pesar del fiasco gatuno, hasta que me involucraron en un número de participación. Había una vedet estupenda, Lynn Allison, argentina a pesar del nombre, que tenía que subir a un espectador. Bajó al patio de butacas y allí estaba yo rogando a todos los santos que no me dirigiera la palabra, pero lo hizo como señora bien educada que me había visto en muchos de los ensayos. Cuando creí que había pasado el peligro, el público empezó a corear mi nombre, pidiendo que me sacara al escenario para el relativo ridículo conceptual. Yo me negaba en redondo y aquello no avanzaba. «Por favor, vete», suplicaba yo. «Por favor, sube», suplicaba ella. Victoria se desmontaba de risa, la vedet sudaba y yo me quería morir. Finalmente se me encendió una bombilla. Le dije a la vedet que hiciera el numerito allí en la fila. Era una tontería: ella se sentaba encima de las rodillas y surgían unos roces entre provocadores y atrevidos con los que se suponía que el señor debía ruborizarse. Así lo hicimos, pero por aquel entonces ya teníamos a toda la prensa alrededor, más interesados en la presencia de Victoria que en la mía, por supuesto. Pero allí estaba yo también.

Como suele suceder, que haya mucho *flash* no asegura que haya mucha divulgación. Un par de periódicos reprodujeron el incidente (que protagonizaba la presencia de Victoria, claro) y parecía que todo se había acabado. Pero no: hete aquí que un semanario llamado *Sal y Pimienta*, de carácter eroticofestivo, hizo dos páginas con la secuencia casi completa de lo que había sucedido. Y allí sí que la estrella era yo: el texto inicial con la foto más grande decía algo así como «¿Conocen al de la foto?». Acto seguido un breve currículum profesional, unos cuantos adjetivos desagradables acerca de mi peso y alrededores, y remataba con crueldad innecesaria: «¿Se lo imaginan desnudo, boca abajo, en cuclillas, con una manzana en la boca saliendo doradito del horno?» Desagradable, fue muy desagradable. Y protestar no sirvió de nada, más bien al contrario, decían que tenía que haberles dado las gracias por haberme hecho más famoso. A Victoria también le hizo mucha gracia.

Ella seguía haciendo cada vez más cine en Francia. Vivía en un piso cerca de la plaza de la Bastilla, en un ático de interminable escalera de peldaños de ruidosa madera, muy francés y con bistrós al pie del edificio donde habíamos cenado alguna vez. Se hizo amiga de una *troupe* de actores capitaneados por la singular Josiane Balasko y Gérard Jugnot entre otros, un grupo rebelde, divertido y rompedor, que enloquecían a todos con sus películas y obras de teatro, que representaban en el teatro de la Porte Saint-Martin. Y allí fui a ver una obra con Jugnot y

Abril: *Nuit d'ivresse*, una noche de borrachera entre un francés absurdo y comerciante, y una puta española y coja apasionada por las ostras. Muy absurdo, pero muy divertido. Al llegar al teatro llevaba un ejemplar de la revista *Lecturas* en el que había un reportaje de Victoria luciendo biquinis de temporada en varias páginas. Un reportaje que le aconsejé que no hiciera el día que tocaba porque tenía mala cara, no iba bien maquillada y el pelo pedía un champú. El reportaje era casposo. Tanto, que tiré la revista a la basura antes de entrar en la sala. Luego le dije que me la había olvidado en Barcelona, pero que a mí no me había gustado nada, como le advertí. Cuando en su día vio las fotos, entendió perfectamente que me la olvidase. Ella trató de hacer lo mismo, pero le costó varias semanas. Lo que le dijo al fotógrafo ya fue peor. Y es que Victoria tiene un carácter muy fuerte y dominante. No se fíen porque la vean pequeñita, los tiene bien puestos, a veces demasiado.

Bien puestos, excesivamente bien puestos. Ello le ha acarreado disgustos y peleas con amigos de siempre como Pedro Almodóvar, con quien estuvo un tiempo sin rodar porque, aunque es muy buena colaboracionista, es de las que da ideas al director para hacerlo según ella lo vea. Y si no le hacen caso, como puede y suele suceder, entonces hay un cambio en su actitud más que notable, se puede cortar la tensión con un cuchillo. Entonces, ¿qué pasa? Pues que prescinden de ella sin problemas y no la tienen en cuenta para sucesivos repartos.

Con Almodóvar pueden arreglarse los problemas, pero por ejemplo con Barry Levinson, no. El director la llamó para protagonizar *Johnny Hollywood*, al lado de Joe

Pesci y Christian Slater, donde interpretaba a una peluquera latina. Acostumbrada a dar siempre su opinión sin que nadie se la pida y tratando de imponer su criterio al propio director, logró que Levinson se hartara de ella. Y ella de él, así que la aventura americana empezó y acabó con ese papel. No sé de dónde habrá sacado Victoria ese punto de ordeno y mando que apenas si funciona en los montajes colectivos, pero olvida siempre que la idea está en la cabeza del director y él es el único responsable del resultado final, y que debe hacerse como él quiere.

A veces la cosa funciona, pero sólo con resultados parciales. Una vez en París la llamaron para hacer una prueba con Gérard Depardieu. El filme, *La Lune dans le caniveau* (*La luna en el arroyo*), era un experimento extraño, rodado todo en interiores y con maquetas turbulentas. Era una historia de amor dura, un triángulo en el que Depardieu se debatía entre el amor de su mujer (papel al que optaba Victoria) y la amante (rol adjudicado a Nastassja Kinski). El día de la prueba Victoria iba fuerte, tanto que tuvo sus palabras con el mismo Robert de Niro. ¿Qué hacía allí la megaestrella? Pues acompañar a su entonces esposa, la actriz Diahnne Abbott, aspirante al mismo papel que Victoria. Y ella tropezó con De Niro. Tras el saludo, las preguntas de rigor: «¿Quién eres? ¿Qué estás haciendo aquí?» (De Niro a Victoria). La rabia de la española no se hizo esperar, en especial cuando con una sonrisa burlona dio por sentado que con su estatura jamás podría dar réplica y bronca a Depardieu (la secuencia detallaba el momento en que la esposa descubre la infidelidad del marido y en lugar de achantarse le pone las cosas claras y el grito en el cielo).

«¿Te vas a quedar a ver la prueba?» Y De Niro, a media sonrisa: «Sí...» Y se quedó, pero estupefacto cuando Victoria, hecha una fiera, le pegaba una bronca tan definitiva que no valía la pena que la señora De Niro repitiera la escena, porque era insuperable. Victoria pasaba de la ira al grito, del llanto al desespero, agarraba a Depardieu por la camisa, le arañaba, le golpeaba, le echaba en cara todo y más. Al final, el propio Depardieu fue hacia el director del filme, Jean-Jacques Beineix: parecía que lo tenían claro. Y Victoria hizo el filme, que tuvo críticas tan extrañas como la cinta en sí. Todo muy francés, muy culto, surrealismo, fantasía y drama con un toque de *nouvelle vague*. Cinta de culto, diremos para quedar bien con todo el mundo. No sé si *La Lune dans le caniveau* llegó nunca a España; tal vez se vio en televisión, pero no estoy seguro.

Con el paso del tiempo, Victoria se ha hecho más amiga de sus amigos, en especial de Rossy de Palma, que vive y trabaja con éxito en París, Bibiana Fernández y Álex Stiles, en cuya casa de Hammamet (Túnez) suele pasar días de descanso. O deja a sus hijos, Félix y Martín, en verano mientras trabaja o se marcha sola con su nueva pareja. Mientras, Félix y Martín despiertan a la sensualidad (tal vez la sexualidad), para desespero del dueño de la casa, obligado a hacer de vigía circunstancial de los primeros escarceos turístico-amorosos de los niños De Battista-Mérida. O sea, los hijos de Victoria Abril.

La vi por última vez en el estreno de *Tirant lo Blanc*, donde interpretaba a la viuda reposada, un papel ideal a su edad, los cincuenta y dos del alma. Sé que ahora le vuelve a dar a la canción, aunque nada de «Cuando tú me besas» y cosas similares. Ahora bucea la querida amiga entre sones sudamericanos, canciones de amor en tiempos tan reposados como su vida de cine. Ha grabado discos y ha hecho giras por Francia y Bélgica. Tiene un par de teleseries de éxito en la televisión francesa en las que está de protagonista. Y no se lamenta como muchas que al llegar a su edad creen que el mundo se ha terminado. El mundo laboral, que el otro, el personal que mueve el primero, está ahí, fresco, brillante, con el ímpetu de los mejores años de su vida. Un tiempo para que Victoria cante... victoria.

Isabel Coixet

Tengo la puñetera manía de pedirle un papel a cada director de cine que conozco. Me hubiera gustado ser actor; de hecho, creo que todos nos pasamos la vida actuando, si no, ¿cómo podría soportarse esta vida plagada de hipocresías y similares? La profesión no estaba bien vista en casa, así que a otra cosa. En otra parte del libro ya contaré mi relación con el mundo del celuloide, que es divertida. A Isabel Coixet también le pedí uno, aún no sé cómo me atreví, pero ahora que caigo, ella dedujo en algún momento que yo deseaba hacer cine. Así, un día sonó el teléfono. «¿Quieres salir en una secuencia de *Mapa de los sonidos de Tokio*?» ¿Qué creen que respondí? «Pues claro, mujer.» No pedí el guión, pues eso es lo que suelen hacer las estrellas cuando les llama un director de prestigio. Y yo no iba a ser menos. Me dejó elegir entre dos secuencias: en una debía estar tomando el aperitivo en una terraza del barrio de Gracia, en la otra era el cliente a quien el personaje que interpreta Sergi López le ofrece una cata de sake. López, en la ficción, acaba de regresar del país del Sol Naciente (cursi, ¿no?), desesperado porque allí todo le ha ido mal. Resignado, a su regreso a Barcelona monta una tienda de productos japoneses. Menos mal que no se le ocurrió un restaurante, porque al paso que vamos y con lo que proliferan, cualquier día de éstos moriremos por una sobredosis de *sushi, sashimi* y *tempura.*

Se rodaba de noche, bueno, a eso de las ocho, que en Europa ya es noche. El escenario estaba localizado en una tienda del barrio gótico, aunque era irrelevante, podía estar en cualquier parte de la geografía urbana.

La secuencia era fácil y estaba en los minutos finales de la película. «Mejor —pensé—, así todos recordarán mi actuación», bromeaba para mis adentros. En principio elegí bien, porque la secuencia de la terraza en la que participaban otros amigos de Coixet, entre ellos la prestigiosa y bella arquitecta Benedetta Tagliabue, fue eliminada del montaje final. Si eso le sucede a la mía, me da un paro cardiaco.

Llegó el día del rodaje y allí estaba yo, media hora antes de lo previsto, no fuera que cualquier otro me robara mi papel. Primera sorpresa, no estaba solo en el plano, sino que lo compartía con dos amiguetes más, el fotógrafo Manuel Outumuro y el hombre de teatro Joan Potau. Cada uno en una mesa esperábamos que Sergi López se detuviera unos momentos frente a nosotros y nos deleitara con las propiedades del sake. La cámara, a todo esto, estaba en la calle paseando por un largo *travelling* que recogía el paseo de López, quien, de espaldas al objetivo, nos hablaba de cualquier cosa menos de sake, porque no había sonido directo, ni diálogo ni nada. El último en hablarle era yo. Luego la acción se perdía por la calle. El encargado de producción nos preguntó si queríamos agua o sake de verdad, y López y yo decidimos que sake, del más caro.

Desde la calle Coixet gritó «acción», y todos bebimos de nuestras tacitas. Sin sonido, Sergi y yo empezamos a charlar, en principio del sake hasta que a la segunda botella nuestro diálogo se hubiera llevado el Goya al mejor guión original. Divagábamos sobre la vida, la tierra, las señoras maduras... y sobre sexo, naturalmente. Repetimos varias veces, que Coixet es exigente hasta en esas secuencias que todos creemos que carecen de importancia o que las hace la segunda unidad. Terminamos a medianoche y no tuvieron el detalle de acompañarme a buscar un taxi, y no tenía coche de producción. Menuda estrella de mierda se han creído que soy. Bueno, lo era.

No supe nada más de la película hasta el día del estreno en los jardines del Teatre Grec de Montjuich, con toda la basca presente, autoridades, actores, equipo técnico y artístico. Todos y yo, naturalmente, hecho un manojo de nervios. Me lo hizo observar mi amigo Quirze Martí, que moriría un año después en la Costa Brava, de repente y sin avisar. Estaba de verdad hecho un flan. Me daba vergüenza enfrentarme a «mi público», menudo idiota soy (al menos, era). No era mi primera vez, pero ese estreno se me antojaba muy especial. Sentado en la última fila del teatro, sobre los bancos de piedra se me planchó el trasero hasta ser tan duro como la piedra que lo soportaba. La película no la disfruté esa noche, sólo quería saborear mi momento. Y llegó. Creí que también había saltado del montaje definitivo cuando, de repente, llegó. No sé si por los nervios, o porque esperaba más, lo cierto es que si alguien hubiera estornudado en aquel momento, tampoco hubiera percibido mi trabajo. Chasco y decepción. Yo, que les había contado a todos en un ataque de ansiedad vanidosa mi decisiva participación en el filme, no me quedé al *lunch*, me largué corriendo a cenar al Cornelia, que estaba de moda y era lo más de lo más. Luego me emborraché con whisky y Coca-Cola, que es lo que bebo siempre, deprimido o no. Al día siguiente nadie habló de mí. Bueno, lo hicieron algunos amigos. Los que no fueron a ver la película para saber cómo había ido, los que estuvieron allí preguntaban: «¿En qué momento salías tú?» Creo que odié a Coixet al menos quince minutos.

Luego ya tuve otros momentos de lucidez en los que empecé a pensar qué exijo yo a mis amigos cuando creo que lo son y en función de qué lo hago. Después me siento culpable de querer ser amigo de ellos solamente en función de satisfacer mis vanidades. Unas vanidades surgidas al creer que yo les he hecho favores que deben corresponderse. Y eso no es así, aunque siempre veo esto mucho más tarde, después de una rabieta adolescente inapropiada a mis canas.

A Coixet le había hecho un favor. Un gran favor (y hagan el favor de esbozar una sonrisa de benevolencia cuando lean esto, sobre todo tú, estimada Isabel). Se acercaba fin de año y llama una tarde en plan desespero total: necesitaba un hotel en Barcelona para un amigo suyo que venía a celebrar su cumpleaños el 31 de diciembre. Ella lo había invitado y corría con los gastos. No había o no encontró un establecimiento que se ajustara a las necesidades de su guión personal: bueno, bonito y barato.

Lo que había era caro, carísimo, y quedaba fuera de su presupuesto. Empecé e echar mano de amigos y conocidos sin resultado apetecible, o eran precios astronómicos o no había plaza disponible. Ya sé que no les he revelado la identidad del invitado: era sir Ben Kingsley, (Oscar por *Gandhi*), que además celebraba su sesenta y tres cumpleaños con su nueva esposa, una brasileña de veintisiete primaveras llamada Daniela Lavender. ¿A que ahora cambian un poco las cosas?

Coixet y Kingsley se conocieron en el rodaje de *Elegy*, que dirigía la primera y protagonizaba el segundo al lado de Penélope Cruz. Trabaron una excelente amistad; de hecho, fue un lujo contar con él para este rodaje, uno de los más americanos de la cineasta.

Volvamos a Barcelona, fin de año y cumpleaños. Seguí buscando hasta que se me encendió una bombillita: llamé al Círculo Ecuestre, club de lujo, el más elegante de la ciudad, que funciona como hotel para sus asociados, y pregunté por el director Manolo Carreras, todo un señor. Le conté el problema y él confió en mí, porque me conocía a través de amigos comunes. Cuando le dije de quién se trataba estuvo más que satisfecho. Y hablamos de precios. Tratándose de un club privado y sólo para socios, las tarifas eran irrisorias: cien euros habitación doble con desayuno. Llamé a Coixet y quedó encantada. Y más cuando nos enseñaron las instalaciones. Espléndidos, maravillosos salones por los que ha paseado la burguesía catalana de todas las épocas.

El edificio, que fuera casa Pérez Samanillo, es de impactante belleza, fue construido por Juan José Hervás Arizmendi y es un palacio modernista en el que destaca su escalinata impresionante, sus salones que dan a la Avenida Diagonal, conocidos como «la Pecera» por su miranda ovalada, y su exquisito trato y servicio. Al club le han añadido, sin estropear en absoluto su esencia, sauna, gimnasio y piscina en la azotea, desde la que se divisa una de las mejores vistas de la ciudad.

Lo recorrimos todo, fisgando con detalle como parientes pobres, que lo éramos, la exquisitez absoluta del lugar. El día de la llegada regresamos con Coixet al lugar y añadimos a la habitación varios detalles personales que ella sabía gustaban al actor; por ejemplo, varias velas con determinado aroma, unos libros, chocolates y todas esas pequeñas cosas que demuestran que alguien que te quiere te recibe así.

La agenda de los Kingsley era apretada, sin nada en particular que hacer, pero toda una ciudad por delante. Yo cené con ellos la primera noche. Fuimos a Els Cinc Sentits, en la calle Aribau con Aragón, alta gastronomía, donde dio la casualidad de que la dueña había sido compañera mía en el colegio. Con sir Ben y Daniela, Isabel, su hija Zoe y Cristina Andreu, biógrafa de la cineasta, degustamos un exquisito menú de seis platos más postre. En realidad, los Kingsley lo disfrutaron poco por unas alteraciones propias de su luna de miel. Como quinceañeros, ella le daba la comida a él, y comía también de su plato. Daniela aseguró no tomar vino (en realidad, sólo bebió vodka, bastante vodka), y se hizo servir verduras aunque luego se comió lo de Kingsley.

Zoe se durmió, así que Isabel y Cristina con ella a cuestas cogieron un taxi y yo subí a otro con los Kingsley, con ánimo de tomar una copa en Luz de Gas. Pero al subir, Daniela dijo que ya no podía con más copas y que lo que necesitaba era una cama, y no dijo para qué; Ben sonrió pícaro, que sus sesenta y tres años eran espléndidos.

El taxi paró frente a la puerta del Círculo Ecuestre, que, al no ser hotel público, no está controlado por la prensa, lo cual añadía una dosis de privacidad más que notable. Daniela dio un traspié al bajar y dio con su esqueleto en el suelo: realmente una cama era lo que necesitaba.

El taxista sonreía complacido y muy sonriente. Le pedí que me llevase a casa y dijo que con mucho gusto, que no todos los días, y menos por Navidad, se lleva a un famoso. «¿Cómo lo sabe?» «Hombre —me dijo—, yo era fan suyo en *Crónicas marcianas*.» Aviso a despistados: creyó que el famoso era yo, pues salir en televisión te proporciona una popularidad inmediata y en algunos casos como éste, muy agradecida. «Pero, hombre de Dios —le dije—, ¿acaso no ha visto quién era ese señor?» Puso cara de perplejidad y me aseguró que no. Le hice un rápido currículum de Kingsley, del que sólo supo adivinarle como *Gandhi*. Entonces creyó que su felicidad era completa. Al bajar me pidió un autógrafo para llevárselo a su esposa, le di una buena propina y dormí feliz como una perdiz.

Eso sería el 29 de diciembre y no volví a ver a la pareja hasta el día 1 de enero. En el ínterin visitaron la ciudad y tuvieron una fiesta de cumpleaños en forma de *reveillon* en casa de Benedetta Tagliabue, a la que no estuve invitado. Aquello me sentó mal, no lo voy a negar, sobre todo porque era un fiestón, con pastel de cumple de Escribá y el baile de Rafael Amargo. Naturalmente culpé a Coixet de mi ausencia (¿por qué tendremos, o tendré, que descargar mis furias contra alguien querido?), aunque la exculpé de inmediato, pues me hizo de reportera. Así tuve una exclusiva de la fiesta con Kingsley, el pastel y Coixet. Y volvemos al día 1 de enero. Amargo presentaba su espectáculo en Luz de Gas y para allí que me fui con un par de bufandas de Loewe para el actor y su esposa. Estuve al principio y al final de la función, pues tenía guardia en la redacción de *La Vanguardia* y volví al trabajo.

Bien, por esa aventura barcelonesa yo creí que Coixet me debía una muy grande. Siempre creo eso de los amigos, ¿será egoísmo o simplemente idiotez?

Da igual, pues mis amigos no acusan esas reacciones infantiles mías. Así, Isabel me invitó a ir con algunos amigos al Festival de Berlín, donde presentaba *Elegy*. No pude ir por motivos de trabajo, y bien que lo lamenté, que no hay cosa que más me ponga que una alfombra roja, un fiestón, una *premier*, un festival. Pero las cosas de la vida son así.

Nos seguimos viendo, comiendo en los mismos restaurantes japoneses (Kuo y Nomo), fui a su despacho y me llevé las bandas sonoras de sus películas, que son fondos ambientales estupendos para esos momentos en que el tiempo se aprovecha desatando la mente, rellenando sus vacíos con lecturas o músicas.

Estuve en algunas cenas en su casa, un piso de Gracia que es como ella misma: grande, acogedor, culto. Con un problema: para acceder a la cocina hay que bajar (y subir) una pesada escalera. Aparte de eso, Coixet es austera en sus comidas, algo que ya saben sus amigos. Por ejemplo, Benedetta, que cuando llega a casa siempre lleva un cesto cual Caperucita con pasta fresca y un paté que hace ella misma que es una delicia. La casa tiene un patio interior de manzana que sugiere la Toscana o un decorado navideño por las ristras de luces que corren por las paredes sin saber adónde ir. Hay plantas salvajes y otras aromáticas, y, por todas partes, mucho cariño. Y es ahí donde se descubre a la auténtica Coixet, la cineasta que igual te filma un drama que trata de adivinar para un *spot* televisivo el olor de las nubes, seguramente perfumadas por el aroma de su patio toscano catalán. Y si el patio hablara, o los vecinos fueran más chismosos, todos se enterarían de fiestas en las que han bailado Bardem y Penélope, Scarlett Johansson y Ryan Reynolds, Woody Allen y estrellas similares. Por poner otros ejemplos, Sergi López, Rinko Kikuchi o Tim Robbins, que celebró cumpleaños con su correspondiente pastel de Escribá. Fue durante esa cena, o en otra que no recuerdo ahora, cuando Isabel recibió una llamada de teléfono, se disculpó y se fue. Llovía a cántaros y se llevó mi paraguas, con lo que al salir me acordé mucho de ella. Al día siguiente me llamó para contarme que tuvo que ir a una clínica donde una amiga suya estaba a punto de dar a luz y le había prometido filmar el parto. La cosa se complicó a causa de una inesperada cesárea que, no obstante, no consiguió detener su pulso. No creo que yo, pusilánime de pro, tenga valor de ver nunca el vídeo.

Todas esas cosas aparte, Coixet aparenta una ingenuidad amable a veces reconocible por su tono de voz. Pero es amiga de sus amigos (¿se nota que quiero estar en su próxima película?) y tiene pinta de buena, de novios con los que no acaba de acertar, con una hija lista (que se hizo adicta al *manga* cuando se la llevó a Japón durante el rodaje de *Mapa de los sonidos de Tokio*), y que deja cosas de sí misma en sus películas, de *Mi vida sin mí* a *La vida secreta de las palabras*, *Elegy* o la de Tokio, que es como un trabalenguas radical: Rinko y Sergi hablan en inglés, la primera con acento nipón, el segundo con acento de Vilanova, mientras una voz de fondo cuenta, en japonés, los avatares de una historia subtitulada en catalán. ¿Es esto globalización? ¿Sí? Entonces, hemos triunfado.

Bigas Luna

Metidos en harina cinéfila, hablaré ahora de Bigas Luna, otro director internacional con quien ya he hecho dos películas, *Yo soy la Juani* y *DiDi Hollywood*, todo un récord. Le conocí hace un millón de años cuando para él el séptimo arte era una afición intelectualoide y para mí lo de la prensa era un objetivo que ni soñaba porque, como he dicho antes, con lo que yo soñaba era con ser actor. Antes de seguir con Bigas, quiero contar cosas mías y de esa obsesión con el cine. Siempre me ha gustado, desde que tengo uso de razón. Cerca de casa había dos cines, el Alborada en la calle Galileo y el Vallespir en la calle de ese nombre. Los sábados tocaba ir a uno y los domingos a otro. Y si había fiestas de guardar, me iba a otros algo más lejanos, como el Bohemio, el Galileo o el Arenas. A veces al Rialto o al Aristos, que luego sería el maravilloso *music hall* de Dolly Van Doll y hoy es la discoteca Luz de Gas, de las que más funcionan en Barcelona, y que llevan Fernando Vila, exmarido de Dolly, y Fede Sardá, hermano de la eximia actriz Rosa Maria y del rompedor periodista Xavier. También me gustaba ir a las sesiones matinales de los cines de estreno los domingos y una vez hice una maratón: cuando abrieron el Palacio Balañá, al lado de la estación de Sants, estrenaron una película cada día durante una semana, y me vi las siete. Saliendo del cole tropecé con rodajes tales como *El golfo que vio una estrella*, con Pepito Moratalla, o *Por favor, no cuelgue*, con Adolfo Marsillach y María Mahor. Pero el de mayor impacto fue *Julia y el celacanto*, con Tony Leblanc y Conchita Velasco, de quien fui fan para siempre. Estuvieron varias semanas esperando que mejorase el tiempo en el pueblo elegido en la Costa Brava donde se situaba la acción, la aparición de una especie prehistórica en aguas mediterráneas. Como seguía lloviendo en la costa, mi barrio, el de Les Corts, siguió usurpando las localizaciones.

Un día los del cine aparecieron en el colegio, buscando un chico. Naturalmente, se llevaron al más guapo, que se llamaba Roberto Dolz, que pasó a encabezar la *blacklist* que aún funciona en mi cabeza de gente que odio.

Luego, cuando vi que en la película ni se le veía, sólo se le adivinaba llevando unos globos en algunos planos, me di cuenta de que mi destino en el cine era distinto a todo eso, que sería mayor.

Seguía el rodaje que yo contemplaba desde el terrado de casa de los Malagarriga, de cuyo hijo mayor era íntimo amigo. Allí estábamos todos los que en la academia Arpi estudiábamos cuarto de bachillerato. Nos saltábamos hasta la comida para ver a la Velasco, ya toda una estrella, con un vestido verde, con manga corta a pesar del frío de febrero porque la acción se situaba en verano.

Un día, al salir del cole, me asaltó una vecina: «Corre,

corre, los del cine están en tu casa.» Con el corazón a mil, llegué resoplando. Por el camino, mil historias: se han fijado en mí, buscan un chico gordito (yo lo era, y lo sigo siendo), me ofrecerán un papel, tendré que convencer a mis padres, etc.

Y allí estaba yo, en el recibidor de la planta baja en la que vivía. Había dos señores con pinta de cineastas que esperaban para hablar con mi padre. «Estupendo —pensé—, lo esperaremos juntos.» Apareció mi padre y empezaron a hablar. A medida que transcurría el diálogo mi ilusión se iba desinflando como un suflé. Aquellos señores sólo querían que mi padre, que era pintor, les hiciera un letrero que pusiera la palabra «fin» que debería salir de un cubo de hielo con el que cubrían al celacanto de los cojones.

Hay que ver eso de las ilusiones, son como una montaña rusa, suben y bajan sin importarles quién o qué llevan dentro. Después de ese tropiezo, la película acabó, los del cine se fueron y, como la canción, «mi caballo murió, mi alegría se fue».

Pasaron los meses y cuando lo creía todo perdido, surgió de nuevo la esperanza. Se presentaron en la academia Arpi otros señores de otro cine que buscaban un adolescente de catorce años para doblar un largometraje que iba a proyectarse con fines sociales. Colegios mayores, institutos, asociaciones religiosas y cosas similares. Era la historia de un negrito de la selva que se llamaba Bimbo, que naturalmente acababa de misionero previa intervención de los padres de la orden destacados en la selva para evangelizar y lograr adeptos. Hicieron las pruebas a muchos y todos estaban convencidos (yo también) de que el papel recaería en Joan Martorell, el rapsoda del colegio, dueño de una voz maravillosa. Pero todos cometieron un error: poner acento africano a la narración, algo muy difícil de mantener y que al no dominarlo convertían al negrito en una caricatura de sí mismo, una burda imitación de uno de los personajes que Pepe Iglesias, *el Zorro*, sacaba a relucir en la radio todas las semanas.

Así que yo me limité a hablar con mi voz, sin acentos ni florituras, ni aires negroides. Lo que sí hice fue tener dos tonos, uno con más entonaciones para no aburrir en la parte narrativa, que era un rollo, mientras que en la parte dialogada lo hacía de modo más coloquial. Obvio que les gusté y me eligieron. Lo hice en dos o tres días en un seminario cercano al cole, no me pagaron nada, pero yo me sentía ya una estrella. Pensé, además, que si en cine no me cogían porque no entraba entre sus medidas, pues lo de la voz no estaba tan mal: resignación o conformismo, pero eso era lo que había. Para colmo de casualidades mi padre conoció a un tal señor Foldvary, director de doblaje de la Metro Goldwyn Mayer en Barcelona, y le insistí en que me hicieran unas pruebas. A pesar de que mi padre me dijo que se lo había dicho e incluso que había insistido, las pruebas no se llegaron a hacer nunca. Y eso que Foldvary vio el documental y me dijo que le había gustado. Luego, con el tiempo, me enteré de que el coto del doblaje es un mundo cerrado al que cuesta muchísimo integrarse, que los sueldos eran muy buenos y que era imposible entrar. Y menos un enano como yo, medio mierda con ínfulas de estrella infantil. Pues no.

Jamás perdí las esperanzas de que algún día yo estaría en la pantalla, pero el destino quiso que empezara por la pequeña. Así, un buen día me llamó Tom Hernáez, copropietario del diario *Sport*, a quien yo no conocía de nada. Me citó en su despacho y allí me habló de un proyecto para hacer en TVE en la desconexión para el circuito catalán. Se trataba de una cosa sencilla, actuaciones, entrevistas, presentación y despedida. Se llamaría *Cita amb... (Cita con...)*, lo dirigiría él y se emitiría el jueves a mediodía, con repetición los domingos. «No está mal», pensé. El chasco llegó cuando me dijo que le gustaría que yo escribiera los guiones, cuando yo lo que esperaba era presentarlo. Le di mil excusas, le agradecí la deferencia por pensar en mí, pero le dije que no podía subir y bajar de los estudios de Sant Cugat por cuestiones de horario en *La Vanguardia*. No le sentó demasiado bien, pero tampoco insistió. Al llegar de nuevo a la redacción me volvió a llamar y me dijo que le daba igual dónde lo hiciera, pero que el trabajo lo tenía que hacer yo. Volvimos a hablar de dinero, en realidad no habíamos tocado el tema, y acepté. Estábamos listos para grabar los tres programas, de una hora cada uno, y todo en una tarde. Hoy nadie lo haría, entonces tenía que hacerse por narices. Y se hacía. La primera tarde yo acudí con los guiones bajo el brazo. No había presentador, cosa absurda, pero yo tenía listas las preguntas para las estrellas de cada uno de los programas. A Sisa decidí que le entrevistase Brossa, tan surrealista como él; a Marina Rossell, el propio Espriu, de quien había grabado *La barca del temps*, y para el tercer artista, Ramon Muntaner, pensé que era idónea Mercè Rodoreda, para cuya obra *La plaça del diamant* hecha cine el músico había compuesto *Tens els ulls plens de paraules*. Contento estaba yo mientras se grababa a toda velocidad mientras departía con los habituales de varios programas, José Luis Moreno y los hermanos Calatrava. Se acercaba la hora de grabar los cierres de los tres programas y por allí no aparecían ni Brossa, ni Espriu ni Rodoreda. Llegada la hora bajó el realizador, Jorge de la Riva, y le preguntó a Hernáez quién hacía las entrevistas, y me remitió la pregunta. Yo le dije que producción era otro departamento, que yo sólo era guionista. Sin perder la paciencia, algo que todo el mundo suele perder en esos momentos, me preguntó si llevaba corbata. Le dije que sí, miró a De la Riva y le soltó con la precisión de un reloj suizo: «Las hace Sandoval.»

Y las hice, vaya si las hice. A la primera, sin repetir. Tanto le gustó a Hernáez que automáticamente pasé a presentar el programa, que tuvo un estupendo éxito popular: los domingos lo veía todo el mundo, los hermanos Calatrava popularizaron el grito «culé, culé» y los muñecos de Moreno fueron un factor definitivo. Hay más cosas de televisión, pero las dejaré para más adelante, sobre todo porque este apartado estaba dedicado a Bigas Luna y estoy quedando fatal con él.

Bigas es un tío estupendo, genial, divertido, amante de los placeres de la vida, comer, beber, amar. Con derrames lácteos: sobre el cuerpo de María Martín en *Bilbao* y sobre la cabeza del arquitecto Jean Nouvel en un documental sobre su vida y obra. En los primeros tiempos había visto a Bigas con una buena amiga, Amalia del Portillo, aunque yo no pertenecía a su grupo de íntimos. Bigas reinaba en su tienda Gris, interiorismo de vanguardia, y en las fiestas un tanto esnobs de burgueses catalanes que rondaban los círculos de la *gauche divine*, aunque no tenían edad para frecuentarle. Y si iban a Bocaccio, feudo de estos últimos, estaban en mesas separadas. En el fondo era lo único que los diferenciaba, la mesa, porque bebían whisky, ligaban con la *femme d'à côté*, aunque fuera la del amigo, y sembraban la semilla de una nueva Barcelona que, a falta de poderío económico, trataba de hacerse un hueco en una Europa que competía en el único plano que le quedaba, el artístico.

Bigas Luna hizo una primera película, *Tatuaje*, que pasó sin pena ni gloria. Antes había participado en una recopilación de cortos que bajo el título *Historias impúdicas* reunió las obsesiones de otros intelectuales pertenecientes a la sección que podríamos denominar *botiguer*, pues la mayoría vivía del arte de vender prácticos objetos de deseo, tal era el caso de Fernando Amat cuyo *store* Vinçon sigue siendo un perfecto, útil y bello ejemplo. Tras el discreto éxito de *Tatuaje*, la primera de las aventuras filmadas de Pepe Carvalho, el héroe creado por Vázquez Montalbán, Bigas se embarcó en *Bilbao* con una aventura ya integrada a sus objetos de deseo. Bilbao era una puta con una secuencia escandalosa: el afeitado de su pubis sostenida en equilibrio por unas cuerdas. A la gente de mi generación les pareció genial, pero a la de nuestros padres les dejó estupefactos. Aún recuerdo una noche volviendo a casa a eso de las tres de la mañana. Había luz en el salón, silencio total. Me acerqué a ver qué pasaba y me encontré a mis padres, atónitos, mientras veían en la televisión catalana la película. Y yo llegué justo en la secuencia de marras: la cara que pusieron fue de susto, les había pillado viendo una cosa tremenda, aunque se hicieron los modernos y no comentaron nada, apenas un buenas noches. *Bilbao* estuvo a punto de no estrenarse, pero la vio Marco Ferreri, el realizador italiano proclive a la producción española de vanguardia, y se quedó la distribución de la cinta para Italia y Francia. Fue el primer gran paso de Bigas en Europa. Estaba feliz, todos hablaban de la película, destacando la secuencia del pubis, aunque a los mayores, como a mis padres, les impactó más aquella otra en que María Martín, todo un *sex symbol* de los cuarenta, aparecía en bragas, sujetador, medias y liguero, todo en color negro, mientras doblaba el cuerpo y le vaciaban una botella de leche sobre el cuerpo.

Seguí la obra de Bigas porque me interesaba el tratamiento de sus temas, en el fondo me hubiera gustado hacer esas películas a mí, pero me contentaba con verlas hechas. No sabía el modo de darme a conocer con mi ídolo. Y fue gracias a Antonio Miró, el diseñador catalán (a quien debo también el conocer a John Malkovich, con quien le une una gran amistad), que logré hacerlo. Fue en París, donde habíamos acudido en grupo para ver uno de sus desfiles de moda. Un desfile con anécdota, pues habiéndole pedido que me dejara desfilar, a última hora me eché para atrás y me sustituyó nada menos que Paco Rabanne. Vamos a ver, no es que yo me creyera un *top model*, ni mucho menos, pero Miró solía incluir en sus pases a varios amigos suyos, de distinto físico y edad, para demostrar, como hacía Paul Smith, que la ropa es para todo el mundo.

Bien, habíamos quedado para cenar en un bistró de Champs Élysées, y habían llegado todos menos Bigas y su esposa, Celia, un encanto. Yo estaba nervioso porque quería pedirle, naturalmente, un papel. No sabía cómo iba a conquistarle. Era presentación y petición, todo seguido. Había que seducirle, engañarle o enamorarle, que Bigas si se enamora ya lo tienes todo ganado. Los minutos pasaban y de repente tuve la solución. Había estado viendo en Nueva York una representación de *Sunset Boulevard* en la breve temporada que Glenn Close lo hizo en la Gran Manzana. Me impactó, compré en el teatro el doble casete y me la aprendí de memoria sin darme cuenta. Sabía incluso uno de los parlamentos en que Norma Desmond (Close) echa de su casa al periodista de quien se ha enamorado tras rechazarla en una fiesta de fin de año que ella ha preparado para los dos. Desesperada (y muy cabreada), llega a pedir a su mayordomo Max (en realidad es su sumiso marido) que le eche. Lleno de matices, altibajos y en varios tonos, era una lección que supe copiar muy bien. Entonces aparecieron Bigas y Celia en el restaurante. Se disculparon por el retraso, momento en que me levanté, puse cara de ira furibunda y le solté la parrafada de la histérica Norma Desmond. Se quedaron atónitos, ellos y el resto de comensales cercanos. «Sando, ¿qué te pasa?», me preguntó Bigas. Yo, avergonzado, le dije que sólo le estaba pidiendo un papel para su próxima película. «Vale, pero sólo si puedes repetir la secuencia.» Vaya si lo hice, la hubiera repetido en pelotas en medio de la calle.

Luego me habló de la película en la que pensaba que podía tener un papel, que era *Perdita Durango*. Al cabo de unos días me amplió la información: sería el vigilante de un cementerio de coches en el perdido Oeste. Me puse manos a la obra, vi películas de las que copiar clichés —inspiración, diría para quedar bien—. Y hasta trabajé un acento americano muy cerrado, casi mascullando las palabras.

Cuando parecía estar todo listo, la peli se vino abajo. Más tarde la recuperaría Álex de la Iglesia con Javier Bardem y Rosie Pérez. Anoté una notable decepción que no superé hasta que Bigas me llamó para cenar y me regaló hacer de mí mismo en *Yo soy la Juani*, una trilogía que recogía ambiciones, triunfo y ocaso de una chica española que busca en Hollywood cumplir sus sueños. Todos lo veían como la historia de Penélope Cruz, aunque él nunca se pronunció al respecto. Para esta primera, la de la Juani, yo tenía una secuencia en la que ella me reconocía como un periodista muy influyente que puede ayudar a la chica. Yo imaginé una especie de George Sanders apoyando a una desmesuradamente ambiciosa Anne Baxter en *Eva al desnudo*, pero al aire de Bigas. Es decir, en cualquier momento podía incluir una escena de sexo entre la aspirante a actriz (Juani) y el que la puede ayudar a prosperar (o sea, yo). Temiéndome lo peor (o lo mejor), me apunté a un gimnasio, perdí doce kilos y me hice un traje.

Y llegó el rodaje. No me dio el guión hasta ese mismo día. Rezaba así: «Exterior noche, terraza Madrid, verbena de verano.» La cruda realidad fue bien distinta, sólo se salvaba la primera parte, «exterior noche». Rodamos en Tarragona, en pleno invierno. Había al menos doscientos extras pelados de frío. «Silencio, se rueda.» En una fiesta todos bailaban y hablaban, en realidad no había música ni ruido alguno porque el sonido era en directo. Se acerca la Juani con una amiga y el mánager que me las presenta. Ellas fingen que me reconocen y yo la mar de feliz. Tras un diálogo breve, acabo diciéndole que si quiere ser actriz no haga calendarios y menos el que le ha propuesto el mánager. Fin. Las seis de la madrugada, *pelao* de frío, la humedad se intercala entre las luces y el aire, el frío es tremendo y llego a Barcelona a las ocho de la mañana.

Meses después, Bigas me invita a un pase privado. Y veo que todo mi trabajo se resume en una frase: «Si quieres ser actriz, no hagas calendarios.» Acaba la proyección y le digo a Bigas que ya le vale, que en qué me ha dejado. Las razones del director, y máximo cuando está el filme rodado, montado y a punto de estreno, son inamovibles. Fui al estreno y las guasas por la frase fueron épicas. Más que nada, por el amplio abanico de posibilidades que había contado a todo el mundo sobre mi personaje. Bigas me prometió ampliar mi papel en la segunda parte. Y llegó *DiDi Hollywood*. Los imperativos de producción le llevaron a modificar la idea original. Ya no era la Juani la que llegaba a la meca del cine. Por tanto no estaba la vivaracha Verónica Echegui, sino la hermosamente impersonal Elsa Pataky. Aquí rodé más, mucho más, aunque luego el resultado fue igualmente pequeño. Lo hicimos durante un fin de semana en Valencia. Y lo pasamos de miedo. Cena, almuerzo, comida, un viaje en tren. ¡Ah! Y el rodaje, casi se me olvidaba. En esta ocasión ya no tenía guión, me limitaba a hacerle una entrevista a la actriz que había llegado a la cima del mundo, o sea que había triunfado en la meca, en Hollywood. Al principio, la entrevistaba yo solo, luego añadieron a mi lado a una amiga de Peter Coyote, uno de los protagonistas. Así que un sábado por la mañana rodé la entrevista. Resultó fácil porque conozco a Elsa desde años atrás, porque le hice todas las preguntas que le hubiera hecho a Penélope Cruz, que era un morbo añadido para mí. Finalmente, porque logré, metida en su papel, que se cabreara, tanto, que al final me gritó. Luego nos reímos y nos abrazamos. Debió de salir muy bien, y no lo digo porque Bigas nos felicitara, sino porque se me acercó una familia que había visto la escena para casi insultarme. Primero me recriminaron cómo me portaba con Elsa, que era tan mona y tal. Luego ellos mismos se dieron la solución: «Todos ustedes están locos, primero casi se pegan y luego, de repente, se levantan, se besan, se ríen, se abrazan, no saben lo que hacen, ustedes sabrán.» Elsa y yo nos quedamos tiesos, pero decidimos no aclararles nada. Y se fueron tan contentos.

Luego Bigas rodó otra secuencia en la que destacados periodistas profesionales reales de distintos medios participaban en una rueda de prensa con DiDi. Preguntaban tan ordenadamente que parecía un auto sacramental, así que Bigas me dijo: «Ve por detrás y cuando te haga una señal, entras en escena, te colocas donde te señale con el dedo y haces una pregunta rompedora de esas que dan vidilla. ¿Te atreves?» Y ésa es una pregunta que no se me debe hacer nunca. Porque si no me atrevo, lo hago igual.

Lo hice ante el asombro de todos, que no esperaban la intromisión. Al terminar tuvimos un almuerzo fantástico y luego al tren, de vuelta a casa. Se me ha olvidado comentar que Bigas se llevó de Barcelona además de periodistas amigos a unas señoras estupendas que intervinieron en la secuencia del viernes por la noche. En la Ciutat de les Arts se rodó la escena del estreno mundial del filme que, definitivamente, lanza a DiDi al estrellato. Con ella está su novio, el modelo Paul Sculfor, un tío majete a quien conocíamos de cuando venía a hacer las pasarelas del Salón Gaudí de Moda Barcelona. Para la secuencia, entre un gran despliegue de extras haciendo de fans, de fotoperiodistas y de invitados a la gala, Bigas contó con la presencia de las señoras importantes de la *jet set* barcelonesa, entre ellas Eva Vilallonga de Soldevila y la tristemente desaparecida Vicky Dexeus, que moriría poco después sin haber podido verse en el filme: su secuencia fue eliminada en el montaje final, son aquellas cosas que pasan.

Bueno, como siempre llegó el estreno y la, esta vez esperada, desilusión. Porque de todo lo rodado, Bigas dejó sólo una de las preguntas que le lancé a DiDi: «Una actriz europea, en América, para triunfar, ¿qué debe usar más, el seso o el sexo?» Una tontería que así, suelta, aún lo parecía más.

A Bigas se lo perdono todo, como a la mayoría de gente que va saliendo por estas líneas, de lo contrario no hablaría de ellos. Compartimos gustos: el campo, la comida, la bebida (moderada y de calidad), el sexo, el arte y, por supuesto, el cine. Y el *music hall*: le debo una visita a El Plata, el cabaret de Zaragoza de cuya dirección artística se ocupa desde su reapertura hace ya un tiempo. Todos creen que está obsesionado, como yo, por adelgazar, pero no es más que otro de los tópicos que afectan a los españoles: el otro es aprender inglés.

Después le he perdido la pista, vive en el campo, por Tarragona, en una masía espléndida en cuya parte frontal hay dos palmeras enormes, que, según él, representan a sus padres. Grande, cariñoso, amigo, es de esas personas entrañables a quienes te gusta volver a ver. Más que nada para pedirle un papel, aunque ahora prepara, o al menos estaba en ello, la adaptación de una novela de Manuel de Pedrolo, *Mecanoscrit del segon origen*, un filme apocalíptico cuyo protagonismo recae en una chica y un niño. O sea, que voy borrando lo de trabajar allí, porque no puedo ser ni lo uno ni lo otro por razones obvias. Y no es cuestión de aceptar, a estas alturas de mi encomiable carrera, papeles de menor calado. Ustedes lo entienden, ¿verdad?

Steven Spielberg

«*To Sando, it was a great pleasure meeting you, Steven Spielberg.*» Así reza el autógrafo, el único que guardo de toda mi carrera profesional. Está escrito en un bloc del hotel Century Plaza de Los Ángeles y enmarcado en plata encima de la chimenea de mi casa. Lo guardo como una reliquia, me gusta y lo contemplo a menudo. Me gusta saber que, al menos por unas horas, tuve el placer de conversar con él y con uno de sus socios en la compañía de producción Dreamworks, Jeffrey Katzenberg. Y fue un placer, porque mira tú que las estrellas son raras, al menos algunas americanas.

Tenía un par de precedentes terribles. El más duro fue precisamente en Los Ángeles cuando la apertura del Planet Hollywood al lado de Rodeo Drive. Me habían invitado a ir a lo que se suponía sería un fiestón, y lo fue con mayúsculas. Como recordarán, la franquicia del local reunía objetos en principio auténticos de las estrellas de Hollywood, ya fuera de sus rodajes o personales. La idea seductora, la puesta en escena insuperable. Como les dije, el local estaba en una calle frente a Rodeo Drive, la mítica ruta de compras de toda rica que se precie. Para dar mayor solemnidad, cortaron Rodeo e instalaron un escenario en el centro. Mientras por un lado el público podía ver las actuaciones, en lo que sería el *backstage* se hallaba la zona vip, donde estaban absolutamente todos. Era un lujo caminar entre Bruce Willis —en ese momento con Demi Moore—, Elton John, Rod Stewart —que actuaron juntos—, Arnold Schwarzenegger y su mujer Maria, Sylvester Stallone —que por aquel entonces había dejado a Brigitte Nielsen, con quien compartí tres días en Formentera con una amiga más que íntima (testigo de lo cual fue el relaciones públicas Pepe Bosch, pueden preguntarle), y andaba con Jennifer Flavin—, y así toda una lista de estrellonas, estrellitas y *groupies*. Había cena, sentados. Y me tocó entre dos plastificados, o sea, Schwarzenegger (¡Dios, cómo me cuesta escribir este nombre!) y Stallone. Excuso decir que yo, entre ambos, me sentía un idiota integral. No me dirigieron la palabra en ningún momento, ni siquiera se hablaron entre ellos, estaba yo de por medio. A decir verdad, este que me cuesta tanto escribir, al final, con el café, se giró y tuvo el detalle de mirarme, de arriba abajo. Bueno, hasta la cintura, que estábamos sentados. Sin preguntarme quién era o de dónde venía, sacó una pitillera (en oro y brillantes) del bolsillo de la americana y la abrió. Había cinco puritos, cortos, pero gordos, de los que serían la variedad conocida como robustos. Sin decir ni media, me ofreció y cogí uno. En un acto de generosidad extrema, él me dio otro y se puso uno en la boca. Rápido y veloz, saqué mi mechero del bolsillo para ofrecerle fuego. «Santo cielo, qué osadía. ¿Cómo se atreve?», pensó la estrella operada (que lo está). Miró mi

Bic de plástico, no dijo nada y sacó el suyo, otra joya también en oro puro, supongo, con brillantitos y una esmeralda. Se dio fuego mirándome como si Terminator fuera a matarme, lo encendió en pura pose. Se giró y adiós muy buenas. Eso fue todo, amigos, que dirían en los dibujos animados. Me guardé los puritos en el bolsillo de mi americana y a la vuelta se los regalé a mi compañero en *La Vanguardia* Fredy Reixach, amante de las curiosidades que echan humo, gran periodista y fanático de los tangos.

La descortesía y vulgaridad del señor se demostró de nuevo, pero con peores tintas, cuando vino a Barcelona a apadrinar unos Juegos Olímpicos para discapacitados en los que está totalmente involucrada su hoy exsuegra Eunice Kennedy (con la que hice un divertido y exótico viaje a Marrakech). Después de pedir un maquillador de cuerpo que resaltara sus músculos, de posar en camiseta y pantalón corto, y hacerse todo tipo de fotos con todos, con él en el centro, la estrella entre los discapacitados, el acto se dio por terminado. Fue entonces cuando un joven discapacitado se le acercó para pedirle una foto o un autógrafo, pero cuando lo tenía al lado, Arnold se lo quitó de encima de un manotazo, diciendo que ya se había terminado todo y que se fuera. Dolly Fontana, la relaciones públicas, reina de la noche barcelonesa y organizadora del evento, le afeó su conducta con una bronca fenomenal que dejó al plastificado sin respuesta. La miró con cara de nada y se fue. Ése es mi chico.

La otra incidencia de la que les hablaba repite escenario, el Planet, pero en su sede de Barcelona. Y repite plástico, esta vez en forma de Steven Seagal, de la colección de inexpresivos de toda la vida. Vino el señor como estrella en plena construcción del local, allá en los bajos del hotel Arts. Rueda de prensa insulsa donde las hubiere hasta que me cansé y empecé a preguntarle idioteces a juego: «Si no puedes vencerlos, únete a ellos», dijo una vez Julio César en las Galias. Y así lo hice. «¿Cómo se atreve a montar un restaurante en un país de reputada gastronomía como el nuestro? ¿Qué trae de nuevo? ¿Llamará a su hamburguesa *la sangrienta* a tenor de sus películas? ¿Pondrá el kétchup en bolsas como las que usan en los hospitales para colocar sangre? ¿Habrá filete asesino...?» y otras tonterías que divertían a los colegas en la rueda de prensa. Como es de esperar, él no estuvo ni ocurrente, ni simpático, ni atrevido. Estuvo nada de nada. Y así seguimos hasta que sus mánagers me pidieron que hablase con él en privado. Cuando creí que podría hacer una entrevista personal, un *face to face*, resultó que no. Con la mejor de sus inexpresivas miradas, ahora arriba, ahora abajo, ahora a un lado, ahora a otro, me dijo que sólo quería saludarme mientras una persona de su equipo me hacía fotos en las que yo salía con una gorra con la visera en el cogote, algo muy fino y acorde a la situación. Un saludo, un apretón mientras miraba para otro lado, jamás me miró a la cara, y adiós. Menos mal que tuvieron la delicadeza de enviarme las fotos, todo un detalle promocional.

Después de todas estas experiencias hollywoodienses, nadie, y yo menos, esperaba que el encuentro con Spielberg fuera más allá de un simple intercambio de saludos. Pero allí estaba yo, feliz y contento, en su despacho de los estudios Universal, donde habían reproducido su rancho de Phoenix, Arizona, para que se sintiera como en casa. Eso es Hollywood. De lejos podía parecer otra de las atracciones del parque, pero era su despacho. Naturalmente, no había dormitorios, o no me los enseñaron, pero sí mesas y mesas, salones y saloncitos, máquinas de jugar a marcianitos con todas las franquicias de la casa y vitrinas con los muñequitos originales. Y guardaespaldas por fuera y por dentro: la seguridad es tan grande que hasta te acompaña un señor vestido de negro para hacer pipí, pero tiene la gentileza de no entrar. Y mejor, porque así no vio cómo lo fisgué todo para ver qué podía llevarme de recuerdo, pero nada, ni el papel de váter era diferente.

Yo estaba allí por una gentileza del propietario de otro restaurante, ya ven que la comida me persigue allí donde voy. Era el Dive!, una de cuyas franquicias había comprado un afanado restaurador para instalarlo en el Maremagnum. Una de las condiciones del draconiano contrato obligaba a Spielberg a venir a Barcelona para inaugurarlo, cosa que no pudo hacer por compromisos imprescindibles que obligaron al cineasta a quedarse en Hollywood. Así que, atendiendo a otra de las cláusulas, si él no podía venir, tres periodistas iríamos allí. Y allí estábamos, esperando al rey en un saloncito ambientado en un sofisticado Oeste, con toques tejanos, de cierto buen gusto. No sé si reflejaba la decoración original de la casa de los Spielberg, pero se estaba bien. Y yo, nervioso. Muy nervioso. De repente se abrió la puerta y apareció el maestro con su traje habitual: vaqueros, camiseta blanca bajo la camisa abierta, zapatillas deportivas y gorra. A su lado, otra aparición, nada menos que Jeffrey Katzenberg vestido del mismo modo. Jeffrey había sido director de la Disney, compañía que le indemnizó con 280 millones de dólares cuando se fue para fundar Dreamworks con Spielberg y David Geffen. Ahí estaban dos de los magnates del séptimo arte frente a mí, dos dioses en vaqueros, sonrientes y amables. Nos presentaron y al llegar a mí, que era el tercero, Steven miró a Jeffrey, sonrieron y luego me soltó: «Eh, ¿cómo vas?» Yo, atónito, le dije que muy bien. «¿Te acuerdas de nosotros?», insistió mientras volvía a mirar a Jeffrey. Y yo: «Pues no». «¿Tú te acuerdas de él, no Jeffrey?» Y Jeffrey que sí. «¿Nos conocemos, no?», dijo Steven. «Hombre, yo sé quiénes son ustedes, pero no nos hemos visto nunca.» Vamos a dialogarlo:

—¿Estás seguro?

—Pues sí, le juro que, de haberle visto antes, me acordaría perfectamente.

—Jeffrey, tú sabes quién es, ¿no?

—Pues ahora mismo no caigo.

—¿Cómo se llama usted?

—Sandoval.

En aquel momento los dos prohombres se miran y me miran. Y sigo:

—Pero mis amigos me llaman Sando.

Y repiten juego de miradas, siempre amables y con una sonrisa de por medio.

—¿A qué se dedica?

—Hombre, soy periodista, estoy aquí por...

—Sí, sí, claro...

Y yo sigo con el currículum.

—Pero también trabajo en televisión y hago películas.

Entonces sueltan un «¡ahhhh!» y Steven pregunta:

—¿Cuál es la última?

Y yo, que ya llegado este punto creo que hay una cámara oculta o que están bromeando en el más puro estilo americano, invento.

—La última es *Parque Jurásico*.

Y al llegar ahí se desmoronan. Los dos a la vez con cara de sorpresa total:

—*¿¿Parque Jurásico??*

—Sí, sí.

—¿En qué papel?

Y yo, firme, insisto.

—Era el tercer *Tyrannosaurus rex* que persigue a Laura Dern para morderle el cuello, o donde sea, lo que quiere es morderla.

Y ahí sigo con mi historial cinéfilo y televisivo resumido, claro está, para que, cuando le pida un papel como pensaba hacer, lo recuerde.

A partir de ese momento, se sentó a mi lado y al final de todas las respuestas siempre había un «*well, Sando*», o un «Sando» a secas. ¿Sería éste el nombre con el que pensaba lanzarme en Hollywood?, pensaba mientras me reía con ellos.

Por contrato también, no podíamos hablar de cine, sólo del restaurante o de comidas. De las del Dive!, por supuesto, con las hamburguesas por bandera. Y de él, de Antonio, le pregunté: «¿Cómo sería la hamburguesa Antonio Banderas?» Pero tampoco contestó, sólo se rió.

Estuvimos una hora más o menos hablando. Al terminar me dijo: «¿Querrás hacerte una foto conmigo?»

«Hombre, pues claro, pero con los dos», le dije, siempre sin perder la sonrisa. Nos hicimos las fotos. Y, finalmente, le pedí un autógrafo. «Es que no los firmo nunca.» Puse cara de ET, me cogió del brazo y me pidió un papel y me escribió lo que les he puesto al principio de la nota. Luego añadió: «No lo vendas.»

Fuimos a ver el Dive! de Los Ángeles y luego le pedí que me llevara a conocer The Milky Way, el restaurante de su madre, que estaba cerca (¡bendito sea Google!). Leah Adler, la mamá, es (o era) concertista de piano, pero un buen día decidió especializarse en cocina kosher. Y le fue de maravilla. Tal vez fue la fuente de inspiración para los fogones de Spielberg, cuyo Dive! era un parque temático con hamburguesas. También nos llevaron a Las Vegas a ver el impresionante Dive! con cascada de agua en la entrada (el restaurante semeja un submarino), aún no estaba hecho el *resort* con hotel, piscina y demás que auguraban el éxito del local americano. El de aquí, el de Barcelona, cerró hace unos años ya, cuando se desvió la atención popular hacia el Port Olímpic y se abandonó el Maremagnum, donde estaba ubicado, en pos de una especulación por encima de todas las vergüenzas.

Pero como todos los cargos tienen sus cargas, la «amistad» de Spielberg tuvo su efecto. Me llevó personalmente a conocer su museo del Holocausto. Judío y orgulloso de ello, ha recopilado miles de testimonios de correligionarios a quienes ha hecho protagonistas de una serie interminable de vídeos donde cuentan sus vivencias. Guarda las cintas en un enorme patio de los estudios Universal, en carromatos restaurados que en su día fueron camerinos de grandes estrellas de todos los tiempos, de

Garbo a Chaplin, pasando por Bogart, Gable, una delicia doble: estar en lo que fueran sus aposentos mientras contemplábamos narraciones de ese dolor injustamente causado, esa tragedia sin sentido que volvió a emocionar a Spielberg y a nosotros nos puso la carne de gallina. Fue el regalo añadido, el complemento perfecto. ¿Qué más podía desear? Me soltó algo así como «estoy cansado, ¿y usted?». «Yo no», mentí para que (tras horas de avión), la entrevista, el paseo y los vídeos hubieran podido durar lo mismo que rodar *Lo que el viento se llevó* sin problemas. «Bueno, entonces me voy a conducir, cuando estoy cansado voy en coche a cualquier parte. Ahora iré a mi casa, en Pacific Palisades, y volveré. Usted ya no estará así que ha sido un placer.»

Y entonces me lancé.

—Señor Spielberg...

—¿Sí?

—Quiero pedirle algo.

—Diga.

—... Un papel en su próxima película.

—No tengo nada claro.

—Da igual, ¿cree que rechazaría algo que llegue de usted?

—Es usted muy amable. Je, je, je. Nos veremos.

—¿Seguro?

—Sí, ¿por qué no? Es usted muy simpático.

La verdad es que no nos hemos vuelto a ver. Aunque no pierdo la esperanza. Eso jamás.

Sara Montiel

Ya que estuvimos en Hollywood un ratito, vamos a por una actriz que también lo disfrutó poco tiempo: Sara Montiel. Fue la primera española cuya fama arrasó en todo el mundo. Lo que nunca comprendí es que hiciera sólo tres películas —*Veracruz* (con Gary Cooper y Burt Lancaster), *Yuma* (con Rod Steiger) y *Dos pasiones y un amor* (con Mario Lanza)— y volviera a casa. Se casó además con un director de prestigio, Anthony Mann, pero decidió volver a España para protagonizar *El último cuplé*, una cinta de escaso presupuesto pero que la haría cantante sin recursos, pero cantante, y la convirtió en un mito. Hecha ya eso, un mito, se instaló en Madrid, donde la conocí ya casada con Pepe Tous, paciente artífice de las vivencias de Antonia, que los amigos la llaman Antonia (se llama en realidad María Antonia Abad). Una relación de lo más profesional, cenas de tanto en tanto, a veces en Up & Down, con los Tapia (era el tiempo en que Antonio Tapia, prestigioso cirujano plástico, la remendaba con aires de fino estilista), o fiestas tras algún estreno. Encuentros fugaces en Ibiza, nada que me permita decir que fui mínimamente amigo suyo. Recuerdo una entrevista que les hice, a ella y a Tous, en el piso de la Diagonal de Barcelona al poco de haber adoptado a Thais, que era una pequeña salvaje, divertida, pero con garra: recordé durante tiempo el mordisco que me pegó en la mano.

Pero tuve con los Tous una de las decepciones de mi vida profesional. Una traición con todas las de la ley. Ustedes saben mis ganas locas de hacer televisión, mis proyectos que aún no les he colocado... y me han robado, entre ellos, uno muy especial. A través de una compañera de *La Vanguardia*, hice llegar a su chico, que era realizador televisivo, un querido y viejo proyecto. Se trataba de magnificar el *music hall* a partir de un espectáculo emitido desde El Molino, catedral barcelonesa imprescindible y marco idóneo. El *show* tendría dos partes, en la primera se rendiría homenaje a todos los géneros de siempre, de la magia al *burlesque*, de las *maquietistas* a cupletistas, artistas de todos los tiempos. En la segunda sólo habría espacio para una gran supervedet, una estrella arropada por veinte mujeres y diez hombres, una gran (dentro de las medidas del local) orquesta. Sería un repaso a su vida, con sus números antológicos. Quería un espectáculo que mezclara historia y vida, siempre sin perder el respeto, manteniendo la admiración por el género. Para dotar al espectáculo de mayor dinamismo, inventé la presencia de una conductora, Carme Conesa, que haría las veces de cantante y *partenaire* de quien hiciera falta. Carme es una actriz perfecta, guapa, en ese punto de no ser una belleza a la moda, sino todo lo contrario, con un físico a lo Jamie Lee Curtis, gran talante, estudiosa, con una voz magnífica y con gran vis cómica, a quien

Josep Maria Flotats, grande entre los grandes, le ha dado sus mejores oportunidades.

Resulta además que a El Molino no se va nunca solo, así que organicé grupos afines para ocupar, en cada uno de los programas, una *troupe* diferencial con quien hablar, haciendo improvisadas entrevistas. Alternaría famosos con otros menos populares. A veces sería el clan de los Bosé, otras el de Polanski y amigos ibicencos, el equipo de water-polo masculino o el de baloncesto. Todo ello podía dar lugar a un programa divertido y en cierto punto diferente. Las cosas iban marchando y empezaron a surgir los problemas. En El Molino todo es muy pequeño, muy estrecho, y era imposible situar las cámaras, por una cuestión de tiro. No importa, cambié de local y me fui al Arnau, donde mantenía una buena relación con el nuevo gerente, Javier Urbasos, que había defenestrado al anterior, Pepe Buira, genial creativo que nunca tenía suficiente presupuesto y al final las cuentas no salían.

Allí lo que no había era foso para la orquesta, pero lo hicieron y ampliaron camerinos bajo el escenario, o algo parecido. En fin, que se metieron en obras porque les salía a cuenta. Además de la publicidad gratuita que les suponía estar todos los lunes en TVE (lo grababan los miércoles, que era el día de descanso de la compañía), se llevaban un millón de pesetas de las de antes cada semana. Y daban trabajo a los artistas y al bar, que servía copas y bocadillos, además de hacer el catering del numeroso equipo técnico y artístico. Iba todo fenomenal, llevábamos ya seis meses entre tiras y aflojas, y, de repente, les entraron las prisas. Pensé que la primera de las estrellas que debía estar en el programa era Sara Montiel, así que la llamamos (bueno, a Tous, marido y mánager) y aceptaron más que encantados. No me extrañó: cuando vieron el chollo, supongo que ya maquinaron su futuro.

Grabamos el piloto, un número cero para ver cómo se acoplaban las cosas. Fueron bien, moderadamente bien. Estupenda relación con Carme, igual que con el equipo técnico y las gentes del teatro, que me conocían de sobra. Curiosamente había poco diálogo entre el realizador y su pareja, la chica que trabajaba conmigo en la redacción. Pero la cosa no era terrible, era el típico problema de aprovechamiento intelectual: tú llevas una idea y siempre trata de quedársela el que trabaja en la casa, en este caso la tele.

Cuando a los dos días *El País* nos dedicó casi entera la página de televisión, ya vi que el programa tiraba hacia adelante. Antes, al menos en plan informativo, las cosas estaban más claras, había menos confusión: ricas y princesas al *¡Hola!*, los de izquierda a la portada de *El País*. Ahora todo ha cambiado, será aquello de la globalización que nos iguala a todos, como los corderos delante de Cristo. Pero pasaban los días y nadie respiraba. Yo iba llamando y nada de nada. Mi compañera de la redacción se había tomado unos días de fiesta y de los demás, nada, ni se ponían al teléfono.

Hasta que de repente, a los quince días, abro el *ABC* y en las páginas de hueco, a toda página, el titular me abofeteó. Leí: «Sara Montiel vuelve a televisión con *Ven al Paralelo*.» Se me olvidó señalar que mi propuesta se llamaba *Así es la noche*. Me acordé de todas las familias y de los muertos de todos, pero nadie atendía mis quejas. Nadie, ni los que juegan con el dinero del contribuyente (era un trabajo de la tele pública), ni los del teatro a quienes les había regalado un dineral.

El miércoles siguiente, primer día de grabación, me acerqué al Arnau. Todo el personal se puso a mi lado, al menos aparentemente. Sara y Tous se escondían, así como el empresario Urbasos (Pepe Buira al menos hubiera dado la cara en el supuesto de que hubiera aceptado el trueque). La sala llena y empecé a preguntar a unos y otros. Habían cambiado la estructura del programa, se había prescindido de las entrevistas, de las actuaciones de antes y de todos los guiños. *Ven al Paralelo* era ya un programa más de actuaciones al uso, con notables cambios. Intervenían cantantes en promoción, supongo que previo pago de sus casas discográficas y, entre todo aquello, la omnipresente Sara intercalando sus «fumando espero» y similares, envuelta en plumas, marabús y todos los *flous* del mundo. Presentaba ella, por supuesto, con todos los peros que eso pueda suponer. Ejemplo, el día de la grabación con Sergio Dalma, la divina criatura no lograba memorizar nada. Iban repitiendo porque una vez decía que era italiano, otra que se llamaba Salvatore, la pifiaba en cada toma. Alguien me dijo que la ponía nerviosa saber que yo estaba allí, al fondo de la sala, y era el dueño de las carcajadas que con toda la mala leche del mundo resonaban por la casa y que, por supuesto, incitaban a la risa de los demás. Me cansé de ir por allí los miércoles, de ver que todos se escondían, nadie daba la cara. Por supuesto, no me hablen de patentes, porque en este país pagas un dinero por una idea, le cambian dos puntos y aparte, y ya ni siquiera es tuya.

Con el tiempo me fui enterando de cómo habían ido

las cosas. Sin pruebas de nada y, supuestamente para no acabar en los juzgados, porque después de cornudo viene lo de apaleado, y ya sería demasiado, supe que los Tous vieron el chollo y se fueron a ver a su gran amigo Pepe Bono, entonces presidente de la Comunidad de Castilla-La Mancha, y con él a García Candau, mandamás en RTVE. Entre todos dicen que decidieron atender la petición de Tous, que les convenció de que conmigo no harían nada. En cambio con una estrella como Sara podrían vender el programa a Sudamérica y amortizar los diez millones de pesetas que había de presupuesto por semana. La pusieron a ella de directora y presentadora, con lo que triplicaba el sueldo, y los Tous se hicieron coproductores. Además, existía la duda sobre si cobraban de las casas discográficas que colocaban a sus artistas, la mejor publicidad en horario estelar y presentados por la diva.

Enric Frigola, que era la cara de TVE en Barcelona, llegó a declarar que la idea no era mía, y que la única coincidencia era que los dos, el de Sara (que ya era suyo) y el mío, transcurrían en el Paralelo. Mira, en el fondo tal vez tuviera razón. Lo mismo dijo Enric Sopena en la rueda de prensa que dieron para presentar el programa a los medios. Mi compañera Isabel Clarós, que cubría la sección de televisión en *La Vanguardia* y que conocía, como el resto de mis compañeros y amigos, el desarrollo de los meses de trabajo, insistió frente a Sopena que la autoría del programa me pertenecía, al punto que el político, hoy tertuliano en Telecinco, la amenazó con expulsarla de la sala si seguía en sus trece.

Tengo que señalar, en honor a la verdad, que sí recibí una compensación por parte de TVE: me ofrecieron hacer un *sketch* interpretando al dueño mariquita de una lavandería que cotilleaba las noticias del corazón quince días después de que hubieran sucedido, tal era el *décalage* entre la grabación y la emisión de los programas. Renuncié a ello y me sustituyeron por el actor Juan Gimeno, al que no pagaron lo que a mí me habían ofrecido, doscientas cincuenta mil pesetas por semana. Y ahí se acabó la historia. Ya ven cómo está Sara y lo que queda de una estrella. No voy a extenderme sobre ella, sólo tienen que echarle un vistazo cuando la vean en cualquier medio. Y que el cielo los juzgue.

Sergio Dalma

A estas alturas de lo leído deben preguntarse a cuento de qué venía este rollo de la amistad y la reflexión de las primeras páginas. Y es que con esto de los famosos que se me han ido acumulando a lo largo de la historia, de la mía quiero decir, y si es que la tengo, sigo manteniendo las mismas dudas que cuando empecé. Hay una constante: cuando te necesitan son amables, cuando quieren promoción, también. Con algunos llegas a intimar y entonces te conviertes en su cómplice, tal es el caso de Sergio Dalma. Tras una primera etapa sin problemas en que le ayudé e incluso canté con él sin cobrar, estamos ahora en una fase absurda gracias a terceras personas, en este caso su mujer. No, no teman, no hay nada de sexo de por medio, al menos por nuestras partes. Pero sí lo hay por la otra, claro que por eso es su mujer, su mantis religiosa, su protección, su guía espiritual, que cuida al varón con máxima entrega. Pero cuidado, no hay que exagerar, frase que en francés es extremadamente útil, refinada y eficaz. Lean: *il faut pas exagérer*. Si al final de la frase ponen cara absurda, hacen un mohín y entornan los ojos, verán eso, que *il faut pas exagérer*.

Con Josep Capdevila, nombre real de Dalma, me sucedió algo curioso. Hemos sido amigos, nos hemos enfadado, nos hemos recuperado y en este momento, en manos de su actual compañera y mánager, no consigo hablar con él. Lo cual me preocupa muchísimo, vamos, que no consigo pegar ojo. A Sergio, que era Josep en el principio de los tiempos, le conocí cantando en un club de playa de Castelldefels (Barcelona). Se llamaba, el club, Tropical, y era del grupo de Up & Down, que congregaba a lo mejor de la sociedad barcelonesa y a todo famoso que pasara por aquí. Si repasan unos capítulos atrás, lo detallo en la parte dedicada a Ana Obregón. Era la noche de apertura y Oriol Regàs había contratado a unos músicos con cantante incorporado. Sonaban bien, muy bien. Y el cantante tenía gancho con su línea italianizante y su voz en un punto de principio de rotura que potenciaría luego.

La noche transcurría feliz, con la flor y nata local con sus mejores galas. Josep tuvo la feliz idea de bajar del escenario y acercar el micrófono al público para que le acompañase en algunos temas. Con esto de los micrófonos sucede algo muy raro: o lo rechazas o lo agarras. Y si haces esto último, la verdad es que no lo sueltas. Al menos eso es lo que hice (y hago) yo. Subí al escenario y canté no sólo un tema... vamos, que no me bajé hasta que el grupo se despidió. El público, casi en su totalidad amigos de siempre, me jalearon y yo me sentí una estrella. El grupo, con Josep a la cabeza, convencidos de que conmigo iban a triunfar todas las noches, me pidieron que cantase con ellos cada día. Y yo, en un ataque (¿locura o vanidad?) les dije que sí.

Al día siguiente llegué el primero y hasta pedí un ensayo. La voz había corrido: el Sando canta. Y esa noche volvimos a triunfar. Hice todos los temas, en plan estelar, agrupados por ritmos y estilos, vamos, lo que se conoce como popurrí. En total, contando a ojo, hacíamos unos sesenta y pico temas. Josep me dejaba el primer plano y él se quedaba rezagado, aparentando una timidez que no me creía del todo, pero que ahí estaba. Yo le forzaba a que se colocase delante porque así me lo pedían mis amigas: «Es tan guapo...», me reclamaban. Yo se lo decía y él se reía siempre que su novia no estuviera delante. Josep tenía una novia encantadora, muy sencilla, como él, con aire entre *hippie* y rústico, una cosa como muy catalana, hacían juego. Se les veía ingenuos y felices, como si disfrutasen de un primer amor. Además de en el Tropical, Josep trabajaba en todo, desde poner voz en los *spots* publicitarios donde lo cantaba todo, a grabar las canciones que simulaban que cantaban los bailarines del Arnau. Nos caímos bien desde el primer día, tanto que le escribí un artículo en *La Vanguardia*, debe recordarlo porque fue el primero, al menos el primero que aparecía en un periódico tan importante. Lo titulé algo así como «La voz de los que no tienen voz», que hoy me parece una perogrullada, pero qué quieren que les diga, yo también he sido joven.

Las sesiones iban bien, yo me divertía y la gente seguía viniendo cada noche. Yo no cobraba nada, pero me sentía realizado, ya ven cuán sencillo es hacerme feliz. De repente, una noche las cosas se torcieron, la gente que estaba en la terraza superior hacía demasiado ruido y molestaba lo suyo, así que los increpé. Ellos siguieron y me largué con aire de divino pastor herido en lo más hondo de su ser.

Nadie, en el fondo ni yo, entendió aquella espantada, pero no volví a ver al grupo nunca más. Al cabo de los años me enseñaron un disco con una cabeza enorme en la portada, aunque no era la cabeza, era el pelo a lo afro lo que se la hacía enorme. Escuché el tema, «Esa chica es mía». Y me dijeron: «Pues es tu amigo Josep.» Volví a mirar la carátula del disco donde había leído el nombre, Sergio Dalma, y me tronché de risa: aquel chaval ya apuntaba para estrella, al menos iba disfrazado como tal. Luego le vi en un programa de la televisión de Sabadell, una emisión dirigida y presentada por un cura más divo que yo, llamado Carlos Fuentes. Un tipo curioso, diferente, que hacía del espectáculo su apostolado y que era feliz cuando en los festivales de fin de curso del colegio franciscano donde estaba se hacían *playbacks* de sus ídolos, en especial de Miguel Bosé. No sé cómo se hicieron amigos y cada año el festival era el acontecimiento del año. Logró que viniera el propio Bosé, que arrastró a buena parte de sus amigos, familia incluida, y le regaló a Fuentes las mallas que él llevaba al bailar «Don Diablo». Bueno, mientras Fuentes aseguraba que era un regalo, Bosé creyó que era un préstamo. No sé quién debe de tenerlas ahora, pero seguro que ya no les caben ni al uno ni al otro. Fuentes se metió tanto en la vida de los Bosé, que casó a unos, bautizó a otros y hasta bendijo Rocamador, la finca extremeña regida por Lucía hija y su marido Carlos Tristancho, que había estado casado con Assumpta Serna, a quien llamaba *Pitu*. Curioso: ambas esposas le sacaban al menos una cabeza a Carlos, a quien siempre le han fascinado las mujeres grandotas. Elegantes, cultas y listas, pero muy altas.

Josep, ya como Sergio Dalma, cantó en la tele de Sabadell varias veces. Y triunfó en medio mundo. Nos enfadamos por alguna idiotez, culpa mía —un suponer—, y nos cruzamos en un vuelo transatlántico. Creo que yo estaba en Chile y él llegaba el día que yo me iba, así que le dejé una carta en el hotel explicando que era una tontería lo que había pasado (palabra que no recuerdo qué) y él me contestó. Reemprendimos una amistad de esas alternativa, hasta que de repente me anunció que se casaba. La elegida era Maribel Sanz, espectacular mujer que, tras haber tenido un hijo con un músico, se había casado con un amiguete mío, Pere Puntas, el rey de las carpas discotequeras de la Costa y del Chic, lugar emblemático donde los haya. Dispuesta a triunfar, creo que fue Puntas quien le produjo un disco en el que cantaba con una amiga. El dúo discotequero llegó a número uno en Japón, pero no hubo un segundo disco.

La boda de Sergio y Maribel fue espectacular. La celebramos en casa del cantante, un espléndido chalet en las afueras de Madrid en el que siempre estaba Aki, una amable y paciente señora que cuidaba de todos. Las cosas se fueron torciendo y llegó la separación. Luego él siguió cantando y ella volvió a tener otras relaciones, o sea, cada cual a lo suyo.

Hace unos meses traté de hablar con él para hacer un tema central en las páginas salmón, pero fue un intento inútil. Tras dejar varios recados en el contestador, que nunca respondió, recibí una llamada femenina que me preguntaba quién era yo, y que por favor no dejara recados en catalán, porque ella era de Madrid y no lo entendía. Le dije que el recado no era para ella y que si estaba con Josep (creo que llevan nueve o diez años) algo debía entender. Mal rollo, pensé. Y acerté.

Ella se presentó como Carmen, su mánager a la par que compañera, y me remitió a una oficina de *management*, o sea, se me quitó de encima como si uno fuera una mierda, al menos ésa fue la primera impresión que me dio. En la agencia no me fue mejor, pues la única persona que estaba (la otra era la propia Carmen, que al parecer va poco por allí) no me prestó más atenciones. Llegué a pensar que la tal Carmen, celosa de que yo supiera cosas que tal vez desvelase en una entrevista (poco me conoces, *infelice*) retrasó todo lo que pudo y más el encuentro. De Sergio ni palabra, las cosas deben de irle bien, de lo cual me alegro. A pesar de noticias nuevas, escribí sobre los inicios de Sergio, de cuando era Josep. Sin contar aquellas pequeñas cosas que te hacen conocer mejor a un personaje, pero que en el fondo no interesan más que a las personas afectadas, para bien o para mal. Que hay mucha historia entre surcos, mucha vida interior y mucho de todo. Pero ahí se queda.

Robert de Niro

Curioso. Voy a escribir de alguien que he tenido al lado muchas veces y con quien nunca he hablado. Se llama Robert de Niro y ni la primera ni la última vez que le vi... jamás he conseguido una entrevista. Unas veces por prudencia, las otras porque él lo rechazó, incluso hace un año escapó corriendo después de haberle esperado educadamente a que terminara de cenar y evitar hacerle fotos. Sigamos la historia por orden cronológico. Hace un millón de años yo empecé en *La Vanguardia* gracias a una jefa de sección, Àngels Massó, empeñada en ello. Al principio yo creí que era una broma, pero al tercer intento de que escribiera una columna sobre la vida social y nocturna especialmente de la sociedad barcelonesa me avisó de que si no se la llevaba esa tarde, no habría otra oportunidad. Ya ven, todo el mundo queriendo entrar en la redacción más deseada y yo haciéndome de rogar. No esperé ni un minuto, agarré la máquina de escribir y tecleé todas mis vivencias nocturnas de la semana. Coloqué arriba un genérico, «La noche al día», y titulé el artículo «Lencería fina». En realidad ése fue el segundo, el de reafirmación, del primero no me acuerdo, pero prometo buscarlo para mi biografía, esas mentiras piadosas que en formato confesional nos asaltan en el último momento.

Bien, yo hacía mis columnas y la jefa escribía sus artículos. Era una gran amante del cine y por mi parte, se suponía que yo lo era de las celebridades, que es mentira, porque a mí lo que me gusta es el cine y el espectáculo en general. Supongo que lo han adivinado por las veces que he pedido papeles a los directores que he ido conociendo. Una tarde, estas dos prioridades de la vida de la jefa y de la mía se vieron envueltas para regalo. A ella la llamó un conocido mío que había estado en el hotel Ritz de Barcelona como director y ahora desempeñaba el mismo cargo en el selectísimo establecimiento La Gavina de S'Agaró. Tras el saludo, la noticia: Robert de Niro y su esposa estaban en el hotel. Apenas una hora después para allá que nos marchábamos en el destartalado automóvil de la jefa. Ella fumaba y quería ser Bacall; yo jamás hubiera sido Bogart, por más empeño que le hubiera puesto; eso sí, sería una buena caricatura. Llegamos pasada la medianoche, que no son horas, y el mismo señor que nos había avisado de la presencia de la estrella nos decía que se trataba de un error. Inútil discutir y perder el tiempo, así que lo mejor era volver a enfilar la carretera acordándonos de su familia entera. A la mañana siguiente se produjo una nueva llamada del mismo señor. Arrepentido, nos dijo que lamentaba el viaje, que no se sintió con fuerzas para traicionar la confianza y la intimidad de un cliente y, como compensación, nos hizo un regalo. Puesto que De Niro estaba allí, nos dio detalles de la suite y de la cena, que es lo que suelen hacer algunos:

esperar a que el cliente se marche para no tener compromisos y luego largar. O sea, chivarse. Pero queríamos más y tuvimos guinda: nos facilitó marca, color y matrícula del coche que le habían alquilado y una copia de la hoja de ruta prevista. Venían camino de Barcelona y la primera parada era en el Museo Picasso.

Era 11 de septiembre, fiesta nacional en Cataluña, la Diada. Hacía un tiempo espléndido y las calles estaban llenas a rebosar, con un ambiente magnífico. A eso del mediodía la jefa y yo llegamos al Picasso, naturalmente sin cámara de fotos, no fuera que sospechase, y provistos de un magnetofón que no íbamos a usar nunca. Nos hicimos el museo veinte veces, arriba y abajo. Cuando ya desesperábamos, en la misma calle tropezamos con el actor y su esposa. Iban a su aire, con gafas de sol, andando como una pareja más, dos turistas en la Barcelona de ferias y congresos (¡Dios, cómo hemos cambiado!). No nos atrevimos ni a mirarlos, pero volvimos al museo detrás de ellos, pegadísimos. Tras una vuelta por el barrio gótico, parada en Sant Felip Neri y el patio de la catedral.

Salieron y nosotros detrás. Subieron al coche y nosotros a un taxi, dirección: «Siga a ese coche.» Llegamos a la Sagrada Familia y allí los perdimos. Nueva providencia en forma de llamada providencial: el mismo director nos contó que habían cambiado de coche, pero por lo que pasó después debió de tratarse de algo ajeno a la pareja de tribuletes (la jefa y yo) que les seguíamos los pasos. Y teníamos la dirección final, el hotel Calipolis de Sitges. Llegamos casi a la misma hora, justo detrás de ellos, los vimos entrar y los espiamos desde la calle. Cuando desaparecieron en el ascensor entramos directos a recepción.

«Buenas noches, ¿se han fijado que acaba de llegar una pareja?» El señor, extrañado: «Claro, me han llenado las fichas.» «Pero ¿ha visto quién era?» «No.» «Pues era Robert de Niro.» El señor miró a un compañero más atónito todavía. «Qué va, qué va, anda que no le hubiéramos reconocido.» «Bien. Entonces, ¿con qué nombre se han inscrito?» Y me muestra el listado escrito por el propio actor: Roberto Dinaro. «¿Lo ve usted?, es italiano.» «Le ha dejado el pasaporte, supongo.» Abre un cajón, lo saca y sin mirar nos lo enseña: exactamente, Robert de Niro. «Santo cielo, era él.» Y en esas suena el teléfono de recepción. Era él mismo. «*Moment*, momento», y el conserje que me pregunta si hablo inglés. No le contesto, pero le arrebato el auricular. «*Hello, hi.*» Y me pasó un pedido extraño: café, una botella de vino blanco y unas *chips* o algo de picar, algún *snack*. Mientras el camarero lo preparaba volvió a sonar el teléfono. Lo agarré directamente sabiendo que era él de nuevo. Esta vez quería un *room service*, y le dije, sin preguntar a nadie, que no había, pero que al lado había un restaurante espléndido, Greco, que le recomendaba abiertamente sin reservas. Lo que pretendíamos, magnetofón en ristre, era que saliera del hotel como fuera.

Mientras, la jefa estaba trazando un plan fisgón. El pretexto, descripción de ambiente, para lo cual necesitábamos ver cómo era la habitación, qué llevaban en las maletas, cómo se organizaban. Y cogió la habitación de al lado. Salimos al balcón sin hacer ruido. El espacio era tan estrecho que apenas cabía una silla. ¿Que para qué una silla? Pues para subirse en ella y chafardear el ambiente. Encima de la silla corríamos dos peligros: uno que nos vieran, otro caernos al paseo, supertransitado en aquellos momentos, pues quedábamos al nivel de la barandilla.

Iban piando y bebiendo, se ducharon uno detrás del otro, pasearon en ropa interior por la habitación y se dispusieron a vestirse. Salimos corriendo y los esperamos en recepción como dos turistas más. Reconozco que en ningún momento se fijaron en nosotros, éramos dos desapercibidos absolutos. Pasaron por delante nuestro, bajaron las escaleras y entraron en el Greco, pidieron una mesa y la carta. Nosotros, dos mesas más allá, hicimos lo mismo. Hablaron con el camarero, cerraron la carta, se levantaron y se fueron. Nosotros, detrás. En el paseo, a reventar, la gente ni se fijaba en ellos. Entraron en el Velero y repitieron la operación. Hubo un tercer restaurante cuyo nombre no recuerdo, y volvieron al Greco, donde, finalmente, cenaron. Nosotros también, en la mesa de al lado, anotando lo que comían, lo que bebían, pero seguíamos sin hablar con ellos. Parecían disfrutar de una luna de miel, estaban enamoradísimos. Y nosotros a esperar un momento en que los viéramos más relajados. Pero ellos a lo suyo, sin dejarnos meter baza. De repente les trajeron la nota, pagaron y se metieron en el hotel, ya pueden imaginar. Nos pareció una grosería subir a mirar otra vez, pero al final echamos un ojo. Sólo uno.

En recepción nos lamentábamos de lo poco arriesgados que habíamos sido, tratando de buscar un equilibrio, razonar al menos por qué habíamos dejado escapar una oportunidad única. Encontramos soluciones: nunca nos gustó ni entraba en nuestros planes ejercer de *paparazzi*, éramos incapaces de asaltar a nadie por la calle, de robarle imágenes, de no esperar el momento oportuno en que no molestásemos. Para evitar calificarnos de idiotas, o al menos de que nos calificasen como tales, lo buscamos todo. Al final decidimos que algo tontos sí que éramos, tontos sí, pero honrados y decentes. ¿Y profesionales? Pues ahí sí que no sé, bueno, va, que el cielo nos juzgue.

Yo no lo daba todo por perdido, ni mucho menos. Y encontré la solución. Si no hay letra, que haya música; si no hay entrevista, al menos que haya foto, una imagen vale más que mil palabras, ¿no? Pues ahí estamos.

Hablé con el conserje, que nos contó a la jefa y a mí que el actor había pedido ser despertado a las siete y media de la mañana, porque seguía viaje por España. Entonces montamos un plan. Salí a la puerta y pegué un vistazo a los alrededores. Bien, justo delante del hotel había un vado, un buen ángulo de tiro. Le dije al conserje que al salir colocase las maletas de los De Niro justo ahí, y le señalé el lugar, blanco perfecto para que desde el otro lado, y con relativa discreción y camuflaje, se le pudieran hacer unas fotos. Si salían a las ocho de la mañana habría una luz suave, con lo que, además, quedarían muy guapos, que los medios tonos siempre favorecen.

Entonces llamamos a la redacción, que localizó a un fotógrafo, Salvador Sansuán, que prometió estar en el vado a las siete y media por si las moscas. La jefa y yo regresamos a Barcelona con la media satisfacción del deber medio cumplido, pero satisfechos por dos cosas: haber tenido tan cerca a una estrella y no haberla molestado, sino que habíamos respetado su viaje privado. Éramos unos señores. Pero nadie se había dado cuenta: ¿quién reconocería tanta honestidad? Claro que, como todo es relativo, no sé si hubieran pensado lo mismo quienes nos vieran desde el paseo, subidos a una silla, fisgando en la habitación de al lado. Bien, lo obviamos y nos fuimos a dormir.

A la mañana siguiente Salvador Sansuán, el fotógrafo, ya estaba en el vado frente al Calipolis. Sentado al volante, con la ventanilla bajada sólo lo necesario para que el objetivo asomara el morro, pero poco más. A las ocho en punto aparecen los De Niro y comienzan los disparos. Sale el conserje y coloca las maletas justo en el lugar indicado. Y siguen las imágenes. Vale, ya lo tenemos, es un robado puro y duro, pero ni es molesto, ni ofensivo. Nada de nada. Es limpio, informativo, soso. Pero ahí está, De Niro en Sitges. De repente algo alerta al fotógrafo. Lean el diálogo.

De Niro al conserje:

—Sabe quién soy, ¿no?

—Sí, señor De Niro, por supuesto.

—Y, dígame, ¿no le gustaría hacerse una foto conmigo?

—Pues claro.

—Entonces, venga, pose.

—Pero ¿cómo voy a hacerla? No tengo cámara...

—No se preocupe por eso. ¿Ve ahí, en el vado? Dentro del coche mal aparcado hay un fotógrafo que lleva disparando desde que he salido a la calle. No le había visto, pero he oído el ruido, el clic.

—...

—Voy a pedirle que salga y nos haga unas fotos.

En estas que Sansuán ve a De Niro acercarse, media sonrisa por bandera, peligrosamente, hacia el coche. Y utiliza la táctica del escarabajo pelotero. Sin dejar de mirarle, saca el carrete de la cámara que tiene encima del regazo y lo sustituye por uno nuevo completamente vacío. Así si se lo pide le dará uno que no tiene nada. De Niro llega a su ventana, que ahora ya está cerrada por completo. La golpea suavemente, lo cual es buena señal. Sansuán la baja un poco y escucha, asombrado, la petición del actor.

—¿Puede usted hacernos unas fotografías al señor y a mí? ¿Es usted tan amable?

El fotógrafo teme lo peor, pero deja el carrete con las fotos hechas en el suelo del coche y baja. Se sitúa frente al actor y al conserje, dispara varias veces. Ya está, perfecto. De Niro pregunta si está todo bien, todos dicen que sí y el grupo se deshace. El conserje a la recepción, el fotógrafo a la redacción y los De Niro de ruta por España. Por cierto, no los volvieron a pillar en otra parte. Eran otros tiempos. Ahora los hubiéramos visto en bragas en cualquier hotel. ¿Rigor informativo? ¿Intromisión en la intimidad? Yo ya ni me atrevo a calificarlo, así que si me interesa lo veo y si no, pues no. Pero sigo siendo curioso. ¿Y quién no?

Hace un par de años volví a ver al actor, en circunstancias muy distintas. Todo era diferente, los dos estábamos más gordos, la cabeza llena de canas, el carácter más agrio. Bueno, ya saben, esas cosas de la edad. Nos avisaron (ya ven que en eso de las noticias el aviso es primordial) de que estaba en Barcelona para hablar con Rodrigo Cortés para protagonizar el nuevo filme del director, al que el éxito de *Buried*, con Ryan Reynolds, entonces marido de Scarlett Johansson, le había propiciado reconocimiento mundial. No sabíamos cuánto tiempo iba a estar en Barcelona (luego supe que serían apenas veinticuatro horas), pero que a las ocho iría a cenar al bar Mut (que suena *vermut* leído todo de corrido), un local que cada vez que viene una celebridad lo visita. Tienen buenas tapas, es carillo, pero tiene fama. Y ya saben el dicho: Coge fama y císcate en quien quieras.

A las ocho menos cuarto ya estaba yo en la puerta y llegó De Niro con el director y otro señor que por su tamaño, *king size*, podría ser el guardaespaldas. Contra todo pronóstico se sentaron en la mesa de la ventana, con el actor mirando a los transeúntes, a quienes, naturalmente, no se les ocurría mirar hacia el interior. Tras una espera apareció el fotógrafo, esta vez Xavi Cervera, exquisito creador de imágenes, pero tan de la vieja escuela en cuanto a educación y modos que presentí el fracaso de la operación. Para no inquietar a De Niro esperamos sentados en la terraza mientras tomábamos unas tapas. Tras una hora larga de espera el trío salió a la calle. Antes de hacer nada, ni siquiera preguntarle ni disparar una foto, De Niro, al estilo de las viejas estrellonas, se cubrió la cara mientras Cortés, a su lado, insistía en «no, gracias, no queremos nada». «No, si no es a usted, es él», repetimos. «El señor De Niro [que no había abierto la boca] no desea ser molestado.» En aquel momento el actor se convirtió en atleta y para evitar las fotos echó a correr cual Justin Bieber escapando de sus fans. Y allí nos quedamos el fotógrafo y yo, dos profesionales, chascados por el director de una peli de culto y un actor en aquel momento absurdo. De Niro giró la calle y se metió en una portería, un espacio privado donde no podíamos hacer nada. Además allí, en un piso, estaba el nuevo negocio del dueño del bar Mut, un restaurante llamado Mutis, donde canta una chica llamada Gàbia. En realidad era otro chiste, pues cuando debes callarte se suele decir, en catalán, que *mutis i a la gàbia*, «mutis y a la jaula».

Regresé a la redacción lógicamente cabreado y apoyando, por un rato, la actuación de cierto tipo de periodistas que van a saco, preguntan y disparan, y ya tienen lo que desean. A mí personalmente no me gusta, pero veo lo que hay y creo que me he convertido en una reliquia, muy educada y formal, pero una reliquia. Enfadado, escribí un artículo nefasto, no debe hacerse nada cuando se está cabreado, pero nada de nada. Luego seguí maquinando y llamé a un fotógrafo *freelance* que a veces nos hacía cosas en esas condiciones. Se llama Jordi Martín y su inconsciente juventud le permite lograr lo que no se puede cuando se usan modos y buena educación. Le di la dirección de donde estaba De Niro y se fue para allá en moto. De ella se bajaba y estaba cargando la máquina cuando salió el actor con el director. Ya no trató de pararlos, sino que disparó sin resultado. Pero los siguió en plan película y los atrapó en el hotel Mandarín. Tiró la moto sobre la acera, se puso frente a ellos y disparó. Pudimos aprovechar una imagen, aunque De Niro estaba girando la cara, tontaina. Tantos años de Hollywood y aún no ha aprendido que cuando tienes una cámara delante tienes que mirarla, comértela, levantar la cara (que así se estira el cuello, se van las arrugas y ganas juventud) y decir gracias. Gracias de que aún se acuerden de ti, aunque sea en España y con un director novel (que eso del apoyo a los nuevos valores ya no cuela, Bobby).

John Travolta

Hay personas que aparecen en tu vida en un momento, desaparecen y luego vuelven a salir. Entonces no sabes qué decirles, sobre todo si ves cómo han cambiado, desde sus circunstancias a su realidad. Les cuento.

Nos situamos en París, en el año 2009. *Hall* del hotel Intercontinental, al lado de la relaciones públicas Paz Blasco, una maravilla de señora, una joya, guapa, rubia, simpática, en fin, la mujer perfecta si no fuera porque está felizmente casada. Ella se ocupa de la atención a los clientes más vips, y hablando de ellos estábamos cuando apareció una *troupe*, que suelen ir en esa formación algunas estrellas cuando quieren que no se les vea ni se les moleste. El rey de esta tribu peculiar era John Travolta, que iba a rodar *From Paris with Love*, una película de las llamadas alimenticias, o sea, de las que le dan un dinero para poner al actor en la cabecera de cartel aprovechando su apellido para venderla mejor. Para la película, Travolta se afeitó la cabeza al cero, pero otras concesiones ha hecho en su carrera sin problemas, desde matarse a ponerse músculo para *Staying Alive*, a hacer de mamá de la protagonista en

Hairspray, aunque eso tal vez le resultara más fácil a tenor de muchas cosas descubiertas en alguna que otra biografía maligna, por supuesto no autorizada.

En fin, ajeno a mis pensamientos y sin mirar a nadie, aunque deseando que todos se dieran cuenta de que era él, Travolta atravesó el *hall* con su familia, su mujer, su hija y el séquito. Su hijo Jett acababa de fallecer, aunque enseguida la esposa se quedó embarazada y dio a luz otro chico. Bien, ocuparon parte de una planta del hotel con instrucciones precisas. Nadie podía entrar en las habitaciones, excepto el personal de servicio, siempre el mismo, que no podía pisar la moqueta (previamente desinfectada) si no era con unas fundas para zapatos que se habían traído desde casa. También venían con toda la ropa que les tocase el cuerpo, desde sábanas a toallas, albornoces y demás. La habitación debía tener siempre las persianas y las cortinas en la misma posición, la iluminación también a la misma intensidad, y las velas, de una marca específica y siempre nuevas, con un aroma especial. Quien tantas exigencias solicita (y por supuesto paga) debe haber nacido en palacio real, por lo menos en tiempos de los zares, haber desayunado huevos Fabergé y tener el caviar como sucedáneo de compañía. Pero no, era simplemente Travolta, enriquecido con el cine, tanto que le permite tener un par de aviones que pilota él mismo, y haberse construido la pista de aterrizaje justo al lado de casa, ahí es nada. Aunque no siempre haya sido así, ¿verdad, John?

El rodaje de *From Paris with Love* tuvo que interrumpirse unos días porque las mafias de los conflictivos suburbios donde rodaban se les soliviantaron y empezaron a quemar decorados y vehículos de producción por su cuenta. Así que mientras pactaban arreglos, el director le dio al equipo unos días libres. En este tiempo los Travolta subieron a su avión, en el que habían viajado desde Estados Unidos y se acercaron a... tachín... Barcelona. Hicieron un poco de turismo y cenaron en El Tragaluz, aunque no recorrieron ninguna de las rutas que solía hacer cuando, a mediados de los setenta, tal vez antes, aparecía por aquí. Entonces él era un esmirriado bailarín en los musicales de Broadway (sin pretensión alguna, sin exigencias, ni caprichos, ni nada de nada de nada) que se hizo muy amigo, pero que muy amigo, amiguísimo, vamos, de un diseñador catalán, hermano de otro célebre diseñador que por cierto tiene sala propia en la capital del Sena, aunque no tengo noticias de que haya ido nunca a visitarle, pero, por supuesto, le conoce.

Isabel Preysler

Es mi chica favorita. Todo lo que hace y toca lo convierte en estilo. Estoy a favor de sus operaciones, de sus maridos y de sus hijos. Absolutamente de todo. Ahora hace tiempo que no me escribe por Navidad, y un día se lo reproché. Pero caí en mi propia trampa: yo jamás le mandé un *christmas*. «Todo el mundo ha perdido la buena educación de contestar, así que he decidido eliminar ese tiempo de mi vida», me dijo sin aire de reñir. La conocí gracias a Terenci Moix, otro personaje importante que ha desaparecido, porque morir es desaparecer y los recuerdos son miserables apaños para los que quedamos, aún no sé si para bien o para mal. Porque ¿qué es morir? ¿Volver a la oscura placenta de la que salimos? ¿Recordamos algo del viaje anterior? ¿Sabemos realmente si vivimos en otro tiempo, o si lo haremos en otro cuerpo? ¿En qué planeta? ¿En qué dimensión? Así que mientras estamos aquí aprovechemos, que esto es lo que hay. Y de lo que hay, para mí de lo mejor es Preysler. ¿Por qué? Porque reúne todas las cualidades que creo que componen al ser humano. Es elegante, educada, siempre está a punto y cuando tiene que dar un no por respuesta, es tan lista que acabas cediendo tú sin que te des cuenta. Ha cometido errores, como todo el mundo, pero los ha resuelto rápido y bien, nunca han hecho daño a terceras personas y, el colmo, siempre ha salido beneficiada de ellos. Ha tenido tres maridos de tres glorias diferentes: Julio, un cantante; Carlos, un aristócrata; Miguel, un cerebrito economista. Y cada uno a la edad pertinente. Los años de juventud los pasó con la estrella. A su lado vivió y sufrió los primeros triunfos, las primeras soledades de las ausencias, cuando Julio, siempre de la mano de su mánager y amigo Alfredo Fraile (hasta que la discográfica americana decidió eliminarlo y ponerle otro *made in USA*), y recogió los éxitos iniciáticos aun cuando éstos llegasen de pueblos remotos del continente sudamericano, de patios donde los teloneros de los conciertos de Julio eran peleas de gallos o cosas peores. Isabel estuvo ahí, le dio los primeros hijos: Chábeli, Julio José, Enrique. Fue víctima de las primeras portadas en las revistas cuando su cara era una hogaza de pan fresco con acento filipino y su naricilla aún no había sido perfilada como desafío a la madre naturaleza. Fue señora de Iglesias cuando le tocó, cuando debía ser esposa de estrella. Luego, el tiempo, que es lo único que nos pide siempre algo a cambio, la hizo madurar y entró en su época de serena madurez, en la que nada queda mejor que un marido aristócrata. Carlos Falcó, marqués de Griñón, que es todo un señor, la hizo marquesa, una aposentada aristócrata, un blasón añadido a su árbol genealógico, que empezaba a plagarse de muescas notables. Con Carlos tuvo a Tamara, que es la versión fresca y jovial de una Isabel nacida entre algodones. Risueña, enamoradiza, feliz presa de reporteros con aires de grandeza que creen reírse de ella, de sus toques pijos, de su gramática relamida, de su cara de asombro ante un «buenos días» sin otra intención.

Pasado el medio siglo, toca el tiempo de la meditación, del mañana que ya es hoy. Por eso nada mejor que un economista tan discreto y atractivo (en el fondo los tres maridos lo son) como Miguel Boyer. Le trajo la paz, ese estado catatónico que te permite mirar sin ser visto; opinar, que no toca ya criticar (eso es para los jóvenes rebeldes que andan buscando causa toda la vida), sino contemplar cómo ha pasado la vida. Aparentemente ya no hay más oportunidades, pero Isabel no puede quejarse de las suyas. Las ha tenido, las ha utilizado y ha sabido rentabilizarlas muy bien. Astuta compañera de viaje, ha organizado las escalas hasta hacer que este crucero de placer que ha sido su vida (al menos la que se conoce) y que ha recalado en una villa fantástica, un nirvana donde para llegar a la cocina necesitas navegador automático. Eso si Isabel pisa la habitación alguna vez. También con Boyer tuvo descendencia, lógica y matemática. Y nació Ana, la niña mejor elaborada, aunque debía escribir engendrada, pero en este caso prefiero el verbo elaborar, que aleja el acto de concebir como fruto de la pasión para hacerlo ecuación de sentimientos, no en balde en esa enésima unión de cuerpos y almas pesaban más la experiencia y la razón que la pasión y el furor, o sea, que debió de primar el susurro al grito, aunque el espasmo final fuera igualmente gratificante.

A Isabel la llaman la reina de corazones, aunque tal como andan las monarquías deberíamos llamarla sencillamente Isabel o, si me apuran y para no confundir al personal, la Preysler, título que la define por sí sola. La conocí gracias a Terenci Moix, ya lo he dicho, pues él se encargaba de remitirle todos mis escritos publicados en Barcelona, a los que ella tenía complicado acceso en Madrid. Desde el primero que cayó en sus manos, siempre me remitió una nota, escrita con pluma, tinta azul, dándome las gracias. Algo que, por cierto, poquísimas personas han hecho en su vida. ¿Comprenden ahora que la quiera?

A pesar de todo, seguíamos sin conocernos, vamos, lo que sería un *vis-à-vis* en el argot carcelario. Y un buen día se produjo en Barcelona. Estrella de Porcelanosa desde siempre (y de la joyería Suárez), vino a la ciudad condal para rodar un anuncio. Y me llamó para vernos antes de la rueda de prensa. Pero ese día yo tenía que subir a los estudios de TVE en Sant Cugat para hacer un programa en directo con Adelina Castillejo. La cita con los medios era a eso de las seis, que era la hora en que yo podía estar listo en televisión. Por si las moscas, Isabel me dijo que lo mejor era vernos antes de que yo subiera, para evitar males posteriores. Así que quedamos a eso de las tres, antes, hora a la que llegué en punto. Llamé a la puerta de su camerino. «Adelante», dijo con voz entre amable y seráfica. Abrí la puerta y allí estaba ella, de pie, con un ceñido vestido negro, escote palabra de honor, el pelo recogido. Los brazos extendidos hacia mí, detrás los espejos rodeados de bombillas habituales en este tipo de espacios. La silueta se recortaba sobre el espejo del que parecía estar escapando gracias a los haces de luz que se disparaban y remataban su cuerpo. Momento mágico, nos acercamos y me besó. Estuvimos charlando un buen rato y entonces entendí aquello de la emoción de los fans, algo que siempre me había parecido ridículo. En el fondo seguramente lo era: te emociona estar delante de una persona a la que sólo conoces de referencia, alguien de quien no sabes absolutamente nada, de la que toda la información que te ha llegado está manipulada por gente como, por ejemplo, yo. Y cuidado, al decir manipulada no me refiero a interpretaciones diversas orientadas a dirigir un producto. Primero, porque Isabel no es un producto, es una mujer, seductora y, en su caso, capaz de enamorar a una estrella, a un noble y a un cerebrito.

Bien, me fui a TVE en Barcelona, hice el programa y regresé tan veloz que llegué a tiempo. Dado el retraso habitual en esto de los rodajes, la media hora justa que la prensa esperó me fue de perlas. Al saber que yo ya estaba allí (pensé que me había estado esperando), Isabel me llamó y volví al camerino. Más besos, me cogió del brazo y salimos hacia el *photocall* donde ella debía posar. Los colegas me pedían que me apartara, pero yo pensando «que se jodan» no me despegaba ni con agua caliente. Isabel tampoco parecía sentirse muy a disgusto hasta que llegó un momento en que, definitivamente, tuve que ponerme al otro lado de la cuerda, es decir, con los colegas de la prensa.

Después he visto a Isabel en muchas ocasiones y en todas siempre he recibido el mismo cariño, la misma deferencia, el mismo apoyo y consideración. Una pena que los de Porcelanosa nunca me hayan llevado a esos encuentros con Carlos y Camilla (eso sí que son encuentros en la tercera fase y no los de mi amigo Spielberg). Pasear por alguno de los castillos con ella debe de ser una gozada (es cursi, soy consciente, pero también me gustó en su día saludar a lady Di en un torneo de polo en Windsor o poder tropezar con Carlos y Diana en el ascensor del Mayfair de Nueva York). Pero qué se le va a hacer, ya cumplieron invitándome a la apertura de una de sus fábricas en Villarreal y compartir una mesa imperial con Preysler, Carlos de Inglaterra, Plácido Domingo, Sofia Loren, Inés Sastre y un más que notable etcétera.

Regularmente veo a Isabel, al menos una vez al año, cuando acude a la fiesta de la familia Suárez, cuyas colecciones de joyas amadrina siempre. Un beso y un cariño. Sentimiento que ha transmitido a su hija Tamara, a quien vi recientemente en la Noche de la Moda de Barcelona. Allí, en la tienda de Pronovias, le oí decir que si a mí me había gustado cómo iba, que ya podía estar tranquila, que su madre se lo había dicho: «Interésate por lo que opine Sandoval.» Porque una cosa tiene que quedar clara: si hay que decir algo que no es positivo, ahí estoy yo también.

Antonio Banderas

Si hay un tipo majo en el cine mundial, ahí está el malagueño Antonio Banderas. Estando donde está, no encontrarán a uno igual que él, mejor imposible. Nuestro primer encuentro fue en un plató de televisión, donde yo grababa un programa de entrevistas y actuaciones que se llamaba *Ropa limpia, ropa sucia*. Y ahora mismo me apetece contarles cómo surgió el programa, a Antonio lo añado inmediatamente, no se preocupen, vuelve enseguida.

Desde siempre he querido hacer televisión, pero los hados me la han dosificado. O eso, o es que no sé, que a estas alturas ya no sé qué pensar de mí mismo. A través de una amiga íntima que creía en las videntes, me llevó a una. Bueno, en realidad, ella vino a casa. A mí es que estas cosas me acojonan, así que le dije que el pasado ya lo había vivido y recordarlo era cosa mía, que el presente lo estaba viviendo y que el futuro ya caería por sí solo, así que la visita sólo tenía un objetivo: «¿Voy a hacer televisión de nuevo?» (A esas alturas yo había hecho el *Cita con...*, del que ya les he contado en un capítulo anterior.)

Me cogió la mano, me miró a los ojos y me dijo: «Sé que te estás meneando, pero no hace falta que hagas nada más, porque en octubre te darán un programa para ti, dirigido y presentado por ti.» «Y ¿qué será?» «No lo sé.» «Pues mira —le dije—, si me llaman, sea lo que sea, cuenta que estarás allí con tu espacio de magia.» «Hazlo, porque si no cumples lo que me estás prometiendo te arrepentirás.» Ante esta amenaza apunté su nombre en la primera página de mi agenda. Núria Krakauer.

Y el mismo 1 de octubre recibía una llamada de Sergi Schaaff, director de TVE en Cataluña a la sazón, y me habló del programa. *Ropa limpia, ropa sucia* era un sainete doméstico en el que Carme Conesa (quién, si no; sólo ella podía estar allí) y yo recibíamos en casa a invitados de todo tipo. Como el presupuesto era escaso, nosotros mismos nos hacíamos los *playbacks*, parte del decorado y el atrezo especial nos lo prestaban de Belle Époque y Scala Barcelona, nos vestía Cacharel y nos peinaban Derek y Jordi Ripoll (el mismo que le ha cortado la melena a Shakira). Lo teníamos todo, sólo había un impedimento notable: el realizador, bastante impresentable, que se llamaba Luis Barahona. Era técnico de sonido y pelota oficial de Schaaff, a quien se las reía todas, que no es que tuviera muchas, pero era el gran manitú. Desde el primer día el enano nos la juró: esperas absurdas, pegas de todo tipo y putadas notables de las que contaré dos, para que vean cómo es la tele por dentro en algunas ocasiones, que hay mucho mediocre suelto.

Una fue con Norma Duval, gran amiga y mejor mujer. Embarazada de siete meses de su último hijo, viajó de Madrid, llegó la primera y sólo pidió que instalaran en su camerino un cajón para apoyar los pies y una televisión. Mientras, le preparamos la sorpresa: siete modelos con trajes premamá, con cochecitos de niño y muñecos vestidos a la última. Todo esto lo había logrado mi mejor amiga, Conchita Vilella, que valía todo el oro del mundo. Bien, por problemas técnicos, según el realizador, no se pudo empezar a grabar hasta pasadas las nueve de la noche, cuando Norma estaba lista desde las tres de la tarde. Cuando empezamos el desfile sorpresa, Barahona gritó: «Hemos terminado, que aquí hay un horario y se ha de respetar.» Iba yo a decirle cuatro cosas cuando Norma me agarró del brazo y no voy a repetir lo que les dijo, pero se quedaron contentos. «No te preocupes —me consoló—, hay mucha gente mala, el otro día en Madrid grabando un ballet y yo ya de cuatro meses, dejaron que hiciera todo el número, que era un rato pesado, y cuando terminé nadie estaba en el plató, se habían ido a comer porque era la hora y nos dejaron allí bailando sin decirnos nada.» El programa con Norma se anuló, pero ella me invitó además a una mariscada. Y es que es una señora imponente en todos los sentidos.

Y ahora va la segunda anécdota y última. Grabábamos el programa número trece y último de la primera temporada. Había un *playback* complicado que Carme Conesa se había estudiado a la perfección (no me cansaré de repetir lo buena que es), iba bien vestida y peinada, pero no encontramos zapatos a juego, así que le pedí a Barahona que no sacase los pies. Imaginan dónde empezó el plano, ¿no? Pues por los zapatos y siguió hacia arriba recreándose en el cuerpo, de modo que cuando la cámara llegó a la cara, el *playback* había terminado. Cuando visionamos la secuencia no pude aguantar y le pegué un mamporro. Él, que era un mierdecilla, se cayó (yo creo que se tiró), y dijo a sus adláteres: «Lo habéis visto, ¿no? Me ha pegado.» Al día siguiente Schaaff me despidió.

Bueno, ahora que ya saben un par de cosas más de mi vida profesional y de *Ropa limpia, ropa sucia*, retomo el tema de Banderas, a quien agradezco la paciencia que ha tenido esperando estos párrafos tan personales.

Carme Conesa se lo trajo de Madrid, donde ya empezaba a rodar con Almodóvar. Si no era su primera entrevista era de las primeras. Como el decorado era una casa, a él le colocamos en la cocina. Era el programa del día de San Valentín, y Carme y yo hacíamos un *playback* del tema «Un petó més» («Un beso más»), cantado por Josep Carreras y Núria Feliu. Al tiempo bailábamos con dos corazones rojos de porexpán tras los que nos escondíamos al terminar la canción. Luego, al abrirse de nuevo, aparecía Banderas, sorprendido porque había creído que realmente cantábamos Carme y yo. Llevaba la ropa de la película que estaba rodando, camisa con un lazo, cazadora de cuero. Estuvo agradabilísimo, sensacional y muy tímido. Le fui viendo luego en presentaciones de películas, estrenos y alguna que otra fiesta. Luego se fue a Hollywood y con *Los reyes del mambo* ya fue una estrella. Pasaron los años y en uno de mis viajes a Nueva York fui al teatro a verle en *Nine*, el musical sobre el filme de Fellini *Ocho y medio.* Habían estrenado años atrás con Raúl Juliá. Antonio estaba sensacional, era toda una estrella en escena y fuera de ella. Cantaba y bailaba con un carisma extraordinario. Y ahí sí que era el rey del mambo: era el único hombre sobre la escena rodeado de mujeres por todas partes menos por una, que le llevaba a un niño que representaba su personaje en edad infantil. Al terminar la función, cada día se repetía la misma ceremonia: su mujer, Melanie Griffith, que protagonizaba *Chicago* en el teatro de enfrente, aunque terminaba algo más tarde, cruzaba la calle y se unía al gentío que masacraba a Banderas pidiéndole autógrafos y fotos, y que él atendía complacido.

Como no había manera de distinguirse entre la multitud, que la policía encerraba entre barreras de tráfico, me coloqué en la acera de enfrente para dominar la situación. Cuando Antonio salió, la cosa ya adquirió tintes dramáticos. La gente chillaba y se movía por todas partes. Yo, que había cruzado la calle tres o cuatro veces ante las amenazas de uno de los policías, volví a hacerlo y cuando ya estaba a un metro del malagueño noto que alguien me agarra por detrás y con agilidad felina me quita el pasaporte que llevaba en el bolsillo de la camisa. Me desesperé, más que nada porque me gritó algo así como que estaba detenido y que fuera a buscarlo a comisaría. El grito de guerra alertó a Antonio y a Melanie, que vinieron a buscarme. «No te preocupes, es Paul, se pone muy nervioso», dijo Antonio. Pero el atacado era yo, que al día siguiente me marchaba por tres días a Los Ángeles y regresaba a Nueva York, y sin pasaporte era imposible. A pesar de todo, hice una foto de la pareja, que, divertida, siguió firmando autógrafos y yo insistiendo en lo mío. Antonio envió a alguien del teatro a buscar mi pasaporte, pero volvió sin él, diciendo que Paul le había dicho que fuera Antonio a pedirlo. Pasaron los minutos que me parecieron horas y, ante mi insistencia, Antonio fue a ver a Paul. Yo no vi cómo se lo daba, pero se lo dio. Una felicidad completa cuando Antonio me abrazó, me puso el pasaporte en el mismo bolsillo y me dijo que Paul le había advertido que no cruzase nunca más la calle por sitio prohibido y que no llevase el documento tan a la vista. Juré que sí, pero juré en vano, porque sigo cruzando por donde quiero y llevando el pasaporte en el mismo bolsillo. Y nunca más me ha pasado nada.

Recordamos la anécdota cuando Banderas presentó en Barcelona su segunda experiencia como director, *El camino de los ingleses*, que a mí me gustó, pero al público no. Pero es que lo único que tengo de Banderas son inmejorables impresiones. Ya dicen que de bien nacido es ser agradecido. Y yo cumplo con ello.

Loles León

Tiene una fuerza desmesurada, es una bestia a quien nunca nadie va a someter. Material de escenario desde la parada de churros que tenía la familia en la Barceloneta. Genio y figura, la vi por primera vez en la Cúpula Venus, el peculiar cabaret intelectual de la Rambla barcelonesa. Salía vestida con un remedo de traje entre folclórico y cañí, un pañuelo en la cabeza y un clavel en el centro de la frente. Llevaba un cesto colgado del brazo del que sobresalía un manojo de rábanos. Cantaba ella: «Como soy rabanerita, tal vez puedan suponer, o creer, que yo soy una ordinaria como suele suceder, la mujer, que sale a vender...» La gente se moría de risa con ella, que era la vida misma hecha cuplé. Luego cantaba «El pito» («ese chisme chiquitito que yo cuido con esmero, necesito ese chisme pequeñito...»), y el éxito continuaba. Un buen día llevé al empresario Pepe Buira a verla y la contrató para el Arnau. Allí ya triunfó de calle, al lado de otras que también han hecho carrera, como Silvia Marsó o Neus Asensi. Ya les he contado lo del número de los gatos inspirado en *Cats* que fue mi frustración como autor teatral.

Pero Loles aspiraba a más. Frecuentaba círculos donde el politiqueo de izquierdas, escrito todo con el máximo cariño y colocando la palabra justa entre ese término que engloba al intelectual y la farándula que miraban en aquel tiempo hacia otro lado. Porque Loles era de izquierdas y buscaba una escena más comprometida que las canciones y el *music hall*, pues aunque desde ahí también podía hacerse política, siempre estaba mejor visto un texto de Brecht y unas músicas de Weill. Así surgió la oportunidad de integrarse en el reparto de *Un hombre es un hombre*, que en versión catalana preparaba Ángel Alonso en la sala Villarroel. El local era uno de los pioneros en acoger grupos independientes, reivindicativos, que arrastraban a una juventud ávida de saber y manifestarse, de conocer nuevas pautas de conducta que los tiempos les estaban ofreciendo. La liberación política que supuso la muerte de Franco potenció que ese otro gran teatro que es la vida saliera a escena, a veces con moldes guardados desde tiempo atrás pero que mantenían la vigencia suficiente.

Un hombre es un hombre llegó a la Villarroel tras un momento en que el escenario había estado ocupado por los Tábano o los Dagoll Dagom, por poner dos ejemplos, dos vértices diferentes de las nuevas inquietudes. De *Los tiempos están cambiando* a *Antaviana*, un nuevo mundo repleto de tentaciones se abrió para todos. La sala decidió entonces programar y producir espectáculos propios y fue el texto de Brecht el elegido. Y llamaron a Loles para el papel de la viuda Leocadia Beckwig. Ella estaba más que feliz, todos estaban felices con el proyecto y empezamos a ensayar en verano. Y escribo empezamos porque se les ocurrió encargarme la escenografía. Yo tenía cierta experiencia, había hecho Bellas Artes, dibujé durante muchos años en el estudio de Víctor Esteban Ripaux, un venerable anciano que nos hacía ir de madrugada a dibujar barcas a la playa de los pescadores, y luego pasé más años en el Cercle Artístic Sant Lluc, donde me harté de hacer apuntes al natural, o sea, tenía una experiencia. Hice también un meritoriaje en el taller del escenógrafo Josep Massagué, uno de los hombres más cultos y preparados de la escena española (era arquitecto, doctor en Derecho y en Filosofía y Letras, y alguna cosa más). Y tenía muchas ganas de empezar. Pero las cosas se complicaron. Dibujé una cosa con tubos de metal (el montaje tenía que ser simple, moderno, rompedor y diferente), y luego hice la maqueta con alambres. Era como un desmontable que con las manos adoptaba distintas posiciones insinuando en silueta los diferentes escenarios de la acción. Tubo metalizado plata sobre fondo negro podía quedar estupendo. Decidí hacer unos trajes muy rectos, cuyo estampado fuera como de papel de periódico (algo que años más tarde haría John Galliano), para todos igual menos para la viuda Beckwig, que iría de negro, en sensual y estilizada silueta. Iban pasando los meses, se iba ensayando, pero no se podía hacer nada porque no había fondos. Y de junio saltamos a julio, agosto, septiembre, y así hasta enero. Compramos los tubos para el engranaje, pero era imposible que lo movieran los actores, era una estructura que precisaba maquinaria complementaria, y ahí no se podía, económicamente hablando, llegar. En aquel mes de febrero siguiente yo me marché una temporada corta a Los Ángeles a casa de una amiga actriz y abandoné el proyecto. Cuando volví al cabo de dos meses y medio, aún no habían estrenado. Cuando lo hicieron no había decorado, los trajes eran grises, creo recordar, y sólo quedaba de mi trabajo el traje de Loles León, quien, muy ladina y para manifestar ruptura total, se lo agujereó a la altura del pecho, dejándolo al descubierto. El izquierdo, por supuesto. Mientras, Loles había tenido muchos amores, desde un payaso hasta un reputado escritor y periodista. Y conoció al que sería el padre de su hijo, un hombre hoy en día que la ha hecho abuela. Curiosidad y homenaje: el hijo de Loles se llama Bertoldo.

Más tarde, Loles descubrió a Almodóvar mientras trabajaba en una tienda de ropa para hombre *superultramegafashion* que estaba en la Diagonal de Barcelona. Se llamaba Bugatti y se accedía desde la calle en escalera automática. Era la cajera y recepcionista. Y la revolucionaria por excelencia. Duró poco porque un día Almodóvar respondió a sus docenas de llamadas telefónicas y la contrató para engrosar el cupo de sus chicas, entre quienes logró ser una de las más características. Como todos, olvidó la revuelta, es decir, se hizo mayor, trabajó con Raffaella Carrà y probó muchos géneros, aunque siempre salpicó su carrera con toques tal vez anecdóticos de un tiempo y un país. Ahora, en el año 2011, hace teatro en Madrid con Bibiana Fernández, otra de las reinas de una movida que, siendo de donde fuera, siempre será tan personal como universal. Por cierto, les va de miedo.

Eugenia Martínez de Irujo

Siempre será la más extraña relación que yo haya mantenido con un personaje famoso o popular. La conocí cuando buscaba chicas casaderas famosas y ricas para un reportaje que iba a publicar en el suplemento dominical de *La Vanguardia*. Tenían que ser de toda España y ella siempre estuvo de las primeras de la lista, pero se me resistía. Fue gracias a su hermano Cayetano que conseguí que se dejara fotografiar. Aún no era imagen de Tous ni de nada y su vida social era más bien limitada.

Con el equipo de producción estábamos en Sevilla trabajando con otras aristócratas jóvenes y guapas, y nos quedaba un día. De repente, Eugenia me llama por teléfono y me cita en el palacio de las Dueñas para hacer el reportaje. Para allí que nos fuimos la mar de contentos. Eugenia es una mujer extraña. Entre mimada y solitaria, arisca y caprichosa, no puso inconveniente a ninguna de las tomas. De vez en cuando aparecía la duquesa para que no tocásemos eso, no pisásemos aquello, pidiendo rapidez. Pero Eugenia ni se inmutaba. Me sorprendió lo bien proporcionada que está, tiene un cuerpo bonito que ella conoce muy bien. Más bien bajita, todavía me sorprendió más que para alguno de sus vestidos de noche, algunos de fondo de armario, pero bien cuidados y rabiosamente a la moda a pesar de todo, posara descalza, sabiéndose bajita, que lo es. Las preguntas que le hacía tenían vagas respuestas, silencios, ausencias, pero todas tenían el estilo suficiente como para llenar espacio. O sea, es de las que dan juego a partir de la nada.

Durante todo el día no se quejó ni un momento y charlaba animadamente (dentro de lo que ella pueda interpretar como animadamente), con la peluquera que le insistía en lo mona que estaría con el pelo corto. Pero nunca se lo había cortado y no estaba por la labor. Cuando de noche ya nos íbamos le dijo a la peluquera si podía acompañarla un momento al baño. ¿Imaginan lo que pasó? Pues sí, que bajó con un corte a lo *garçon* que nos jodía la sesión: cuando al cabo de tres semanas apareciera el reportaje parecería una antigualla. Le afeé la conducta y le pedí repetir las fotos. Y me dijo que nanay. Y con las fotos antiguas nos quedamos. Excuso decir que cuando publicamos las imágenes de la niña con el pelo largo ya atufaban a viejas, no obstante las revistas del corazón ya habían dado la «noticia» (menuda exclusiva, ya ven cómo va el país), pues por aquel entonces Eugenia se había tomado un descanso de Francisco Rivera, con quien después se casaría, tendría una hija y de quien se separaría, para salir con Miguel Báez, *el Litri* júnior, que años más tarde sería marido de Carolina Herrera, júnior también.

A pesar de mi enfado hice un texto poético, de esos que nunca fallan, en el que hablaba de Lorca, el patio, el limonero (las cosas de su casa), que le gustó, y que me agradeció meses después de publicado un día que la encontré por casualidad. Ese detalle ya demuestra cómo es la niña de los ojos de mamá Cayetana y la de los ojos de su hermano Cayetano. Hace las cosas sin pensar absolutamente nada, tal vez sin malicia, pero las hace. No quiere perjudicar a nadie, sólo favorecerse a ella misma. Y eso ni es bueno, ni es malo, sino todo lo contrario. Es la ausencia de maldad lo que hace que todo el mundo pueda perdonarle su manera de hacer las cosas, la simplicidad de sus actuaciones, su habitual modus operandi, de aquí no pasa nada más que lo que me pasa a mí, lo que la hace una chica diferente. Vamos a ver, una chica diferente a lo que haría otra con dos dedos de frente, que perteneciera a una familia como la suya en la que trabajar es un verbo indefinido de remotas consecuencias. Eugenita no hizo carrera alguna, ni siquiera se dedicó, como hacen otras, a los actos benéficos, ni presidió una ONG ni se fue a las misiones, nada de nada. Supongo que se preparaba para ama de casa aunque con tanto personal de servicio, poco trabajo tendría en el hogar. La niña nunca ha trabajado, por eso resulta risible cuando ahora, que está con Tous diseñando joyas, dice «vengo a Barcelona a trabajar», o lo mismo cuando acude a un acto de esos donde aparte de posar tiene que contar tres o cuatro cosas, verdaderas o falsas, acerca de su situación personal, la amorosa de preferencia.

A raíz del reportaje fue cuando una amiga mía, de la que ya he hablado pero lo haré las veces que sean necesarias, porque es la persona más maravillosa que ha existido, la propuso a los joyeros Tous para que fuera la imagen de su marca. No les hizo ninguna gracia, no estaban nada convencidos. Fue gracias a un par de artículos de apoyo, uno mío y otro del colega Jesús Mariñas, que cedieron, y hasta hoy no se han arrepentido. Porque de aquella primera colaboración surgió un contrato anual por el que, dijeron, ya cobró treinta millones de pesetas, una cifra que fue en aumento como iremos viendo.

Eugenia se incorporó así al mundo laboral, un universo que recibió despacio, no fuera que por falta de costumbre enfermara. Hacía presentaciones, posaba, empezaba a presidir actos benéficos, en fin, arduos trabajos. Mientras, ella se iba afianzando en el mundo, ¿en cuál? Pues en el suyo particular. Es decir, hago lo que me apetece y si no les gusta pues me da igual. No consultaba nada a nadie, quizá a sus amigas íntimas, las interesantísimas y simpáticas hijas del recordado Antonio de Senillosa, que viven en Barcelona y en cuya casa se ha alojado Eugenia más de una vez.

Así, en plena vorágine, es un decir, a la duquesita de Montoro, tal es su gracia nobiliaria, le ofrecieron ampliar su campo laboral. Ella siempre había querido diseñar camisetas, ropa, joyas; había querido, pero no movió nunca un dedo para hacerlo, siempre fueron los demás los que la tentaron. Eso de hacer más cosas ya se lo ocurrió a Conchita Vilella, que cuando se enteró de que Eugenia estaba a punto de firmar con otra marca que alternaría con la de Tous, puso el grito en el cielo, cogió a ambas partes por separado, la niña y la marca, las hizo recapacitar, aunque los resultados de los nuevos trabajos de la niña en el campo textil no fueron para celebrarlo con champán. Sí tuvo mejor acogida su línea de pequeñas joyas, tonterías asequibles que funcionaron bien en el mercado. Deben de recordar la primera de las series, que reproducía sillas, zapatos de tacón y demás accesorios típicos andaluces. Era como jugar a muñecas, pero en colgantes en oro, pulseras, pendientes y collares. Era mono, que se diría en plan coyuntural. Hizo más series, siempre trabajando el formato pequeño, que domina bien.

Una de las cosas más enigmáticas que tiene Eugenia es el extraño poder de seducción sobre los hombres. No es guapa en el sentido más clásico de la palabra, ni es mujer de bandera. Es pequeñita, ya la conocen, más bien sosa y de rictus un tanto desagradable, vamos, que no es de las que te reciben con una sonrisa precisamente. En cambio todos los hombres que han estado cerca de ella, no sé si habrá mantenido relaciones con ellos o no, han sido tíos muy guapos, al menos muy atractivos: Eugenia no ha tenido una pareja mínimamente fea ni por casualidad. Y no me digan que es por la fortuna familiar, que eso podría colar ahora que mamá ya les ha adelantado la herencia para que la dejasen casar con Alfonso Díez. Menudas narices, ya son ganas de claudicar ante unos hijos que nunca han ido tirando de la silla de ruedas cuando la señora duquesa ha estado imposibilitada, ni la han acompañado en sus viajes. Y cuando había logrado a alguien que tirase del carro, literal y materialmente hablando, ahora salen los niños con sus pegas. Bueno, ése es el talante, que diría el defenestrado Zapatero, el marido de la soprano y papá de las góticas.

En fin, que hablando de pretendientes guapos, eso de Eugenia viene de serie, es decir, ya sale de fábrica con eso puesto porque a doña Cayetana tampoco es que le saliera feo Alfonso, sino todo lo contrario. Y joven, o sea, igual que la niña.

Eugenia está mucho por Barcelona, donde se aloja en casa de las niñas Senillosa, en la de los Tous en Manresa o en el hotel Murmuri, sección *teenager* del Majestic de los Soldevila, hábitat natural de famosos que se precien y que, si no van al Omm, se instalan allí, caso Ryan Reynolds cuando estaba casado con Scarlett Johansson. Bien, a lo que íbamos, Eugenia se encuentra bien en la ciudad condal porque, entre otras cosas, no se siente tan perseguida por la prensa del corazón. Así puede cenar con sus amigos (en el japonés Parko de preferencia) y tener sus historias personales, algo sobre lo que nunca mantiene diálogo, al menos conmigo. Porque será muy lista la niña, pero habla con periodistas televisivos que luego lo cuentan en los medios. No sé, tal vez los utiliza y sabe que yo no lo hago, así se ahorra hablar sobre ello. Para que vean, he aquí un ejemplo. El padre de uno de sus mejores amigos catalanes se metió en un lío muy grande, me enteré y le mandé un mensajito (es su medio habitual). Me respondió al cabo de dos días, dos, con una frase escueta: «¡Qué fuerte!» Y ya está. Lacónica, expeditiva, breve.

Pero mejor aún cuando una amiga mía la encontró en la terraza de un hotel en Lisboa. Le mandé un mensaje bromeando como si fuera yo quien la estaba observando, preguntándole quién era ese chico moreno, con jersey azul, alto y tal y tal que estaba con ella. Y jamás me respondió. Tal vez porque yo conocía al joven, un noble arruinadillo, pero de muy buen ver y mejor familia, con el que terminamos de madrugada, una vez hace meses, en la discoteca Lux de Lisboa, que es de John Malkovich.

La belleza de Martina Klein a prueba de ojo maquillado de vampiro.

David Copperfield no soltó ni uno de sus trucos. Y eso que insistí.

Cindy Crawford es una maravilla que me confundió con un amigo. Yo quisiera serlo, pero no.

José Luis de Vilallonga, todo un señor al lado de la maravillosa Leo Solanes, en la casa de ésta en Ibiza.

Blanca Suelves es la mujer soñada. Juntos vimos un desfile en Madrid.

Y aquí con Eugenia, sonriente, en una fiesta en Pachá de Ibiza.

Con Rociíto, la hija de
la más grande, haciendo
el tonto en Madrid.

El día de la boda de Sergio Dalma con Maribel Sanz, en la casa del cantante en las afueras de Madrid.

Muchos años han pasado desde ese momento con Norma Duval y su entonces marido, Marc Ostarcevic.

De fiesta, no podía ser otra cosa, con Flavio Briatore, en Ibiza.

Un señor y un caballero, de charla con Alberto de Mónaco en el Náutico de Barcelona.

Bali fue el escenario de la boda de Nieves Álvarez con Marco Severini, una pareja ejemplar.

Prehistoria: en el mítico Bocaccio de Barcelona, una adolescente Ana Obregón con Willie Aames, de la serie «Con ocho basta», unos días antes de rodar en Barcelona «Goma 2», de José Antonio de la Loma.

La marquesa de Tamarit en el tenis, durante el Conde de Godó, en Barcelona.

Promoción para algo de televisión que tampoco salió, con Paloma Lago, maravillosa.

Houston, tenemos un problema: no sabía cómo salir del traje. Y era en la base espacial, palabra.

A eso de las tres y media a. m., me fui, pero ellos se quedaron. Eugenia perdió el avión al día siguiente y regresó a Sevilla en coche. Lo cuento ahora como anécdota, que la noticia ya es sólo eso, anécdota. Y para que vean el tipo de relación que nos une. Cero patatero.

Como decía, Eugenia está feliz en Sevilla, en el palacio de las Dueñas, y cómoda en Barcelona, que debe de ser agradable vivir en una casa con personas y con el baño a pocos metros. Y no en un palacio, acompañado de ilustres cuadros *carisísimos* (que además no puedes vender porque son del Patrimonio), y los servicios a años luz, lo más inapropiado para una emergencia de cualquier tipo.

Y ésta es la pequeña Eugenia, que se nos ha vuelto a cortar el pelo. Si lee esto ya ni siquiera me saludará. Lo siento, niña, las cosas son así.

Rocío Jurado

Fue la más grande en todos los sentidos. De cuerpo, de voz, de busto, de corazón, de generosidad. Enorme. Nos vimos mucho en una época, cuando ella ya había triunfado y yo empezaba en esto de la prensa escrita. Jamás me obvió por ello, siempre me trató como si llevara en esto tantos años como los demás y mantuvimos una relación estrecha, tanto con ella como con su hermano Amador, que era su *road manager* de confianza. Cuando íbamos a comer, nunca menos de diez, siempre pagaba ella, pero con una liturgia especial, Rocío pedía la cuenta, hacía como que la repasaba y se la daba a su hermano: «Amador, paga.» Y Amador sacaba una mariconera, abría la cremallera y sacaba un fajo de billetes. Los contaba, ajustaba la cantidad y la dejaba al lado de la factura. «¿Cuánto has dejado de propina? [...] Pues deja más», ordenaba la estrella. Y Amador dejaba más. Así cada vez, y fueron muchas.

Cantaba como un torrente desenfrenado, no tenía fin. Ni a ella ni a Raphael, otro monstruo, se les adivinan los finales en los conciertos: generosos y felices, estarían cantando una semana. Y el público aplaudiéndoles sin cesar. Son de esas personas que comunican, que sienten lo que interpretan y te lo transmiten de un modo tan noble y puro que es una delicia.

Todo en Rocío era grande, enorme. Tengo cientos de anécdotas a su lado. Estuvimos en una gala en Ibiza y aprovechamos para ir de compras, comer y cenar. En The End, que era la tienda de moda en la que estaba Vicente Fernández —que luego abriría Ganesh tras su traumática separación sentimental con su socio y pareja, que se largó con la pasta y le dejó tal como vino al mundo—, Rocío se compró de todo. Lo más espectacular, un mono de camuflaje en tonos naranjas, amarillos y verdes todo fosforito, con gorra, bolso y mochila a juego. Se lo puso todo y se subió a mi Mehari, descapotable y sin puertas, recorriendo la ciudad que la ovacionó atónita. Luego, por la noche, tras la cena, Amador y yo nos fuimos de copas con unas chicas de Casino, donde Rocío había actuado. Verano, juventud y copas, total, que acabamos en la playa de madrugada. Cuando devolví a Amador al hotel, que era el Torre del Mar, ¿quién estaba en el *hall* esperando? Pues sí, la mismísima Rocío, que nos pegó una bronca fenomenal, echándole en cara a su hermano que tenía una novia, su actual esposa Rosa Benito, a quien debía un respeto. Pues respeto había habido, porque no sucedió nada de nada.

La divina era así, controlando todo el tiempo a todo el mundo, no le quedaba tiempo para ella misma. Pero era feliz desviviéndose por los demás.

En otra ocasión presentó un disco en Barcelona y dio una comida para la prensa. Éramos muchos, pero se sentó a mi lado, en el centro de la mesa. Llevaba un pantalón blanco y una blusa de seda natural gris que a la altura del segundo plato se quedó maravillosamente estampada por un *suquet* de pescado con marisco incorporado. Ni se inmutó, al contrario, se rió lo suyo y hasta consoló al desesperado camarero que no sabía cómo disculparse. Hubo pastel de postre y, al acabar, le dije lo feliz que me sentía al haber podido celebrar mi cumpleaños, era un 17 de mayo, a su lado. Lo paró todo y me hizo una versión flamenco pop del *Happy Birthday* que nos dejó a todos tiesos. Salimos a la calle, el grupo se fue despidiendo. Quedábamos sólo su gente y yo, cuando repitió, a pleno pulmón (y tenía mucho) el tema de aniversario. La gente se arremolinó. Entonces ella acabó con un agudo tremendo, la gente aplaudió, llegó su coche y se fue. Y allí me quedé yo, en el epicentro de un grupo que me miraba preguntándose quién narices sería y esperando algo. Yo no sabía qué hacer y busqué un taxi que, naturalmente, no llegó nunca.

Cuando finalmente pasó uno me fui a la redacción y cuando llegué por la noche a casa había unos paquetes enormes en la portería: me había enviado, como regalo de cumpleaños, un juego de maletas de Loewe en ante y piel. Todo un detalle.

También he vivido con ella momentos tensos. Por ejemplo el día de la boda de Alejandra, la hija de Raphael. La fiesta era en casa del cantante y a mí me había invitado la esposa de éste, Natalia Figueroa, con quien estaba trabajando en aquellos momentos en una emisora de radio en Madrid. La casa es espléndida, con un gran patio central presidido por un centro de cuidado césped de gigantescas dimensiones. A un lado estaban los invitados, lo más de lo más, incluyendo miembros del gobierno y personajes célebres de todos los campos. Al otro lado, y por casualidad, estábamos Boris Izaguirre y yo, en aquellos momentos compañeros en el fantástico *Crónicas marcianas* del no menos fantástico Xavier Sardá. Y apareció Rocío con Ortega Cano, su segundo marido. En aquel tiempo uno de los personajes de quien se hacía mofa en el programa era precisamente Rocío, gracias a la sorprendente imitación que de ella hacía Rosario Pardo. La última de ellas, cada semana era una cosa distinta, hacía de la más en una versión del muñeco Michelin, que a la divina le irritó especialmente, porque terminaba por los suelos como en estado de embriaguez.

Así estábamos cuando saludé a Rocío, quien cargó de inmediato las tintas sobre Boris, a quien responsabilizó de inmediato del desaguisado. En realidad parte de razón tenía, porque él se metía mucho con ella, mientras que yo me mantenía al margen, muy discreto, que nunca he sido yo amigo de estas chanzas y menos cuando se ridiculizaba a personas cercanas o amigas.

Rocío me pidió que se acercara Boris. Y cuando lo tuvo enfrente le soltó: «Cuando tú no eras nadie, yo ya era una estrella en tu país y no consiento que te rías de mí de la manera que lo haces.» La cosa fue in crescendo, la gente, al otro lado del césped, empezó a mirar y a escuchar los improperios que nos lanzaba Rocío mientras yo me sonrojaba y Boris ponía cara de chiste para quitar dureza a la situación. A mí me tocó la parte peor, la del amigo que se calla y no dice nada en apoyo de su amiga. Tenía razón, pero poco podía hacer yo dentro de una estructura de guión que no me permitía acceso. Además, yo no era fijo en el programa, sólo iba una vez a la semana, dos a lo sumo, y no pertenecía al clan Sardá, con lo que haber participado en contra del guión hubiera podido tener consecuencias nefastas para mí, o sea, me hubieran dicho que «adiós, muy buenas». Y no estaban los tiempos como para arriesgar un chollo como aquél: muy buen sueldo, excelentes condiciones de trabajo, plató con todas las ventajas y detalles, y un equipo magnífico en todos los campos. Además, era el *show* del momento, el mejor de los escaparates posibles para un profesional. Bien, aguanté el tirón como pude y la cosa terminó de un modo bastante civilizado, que tenía aires de acabar muy mal.

Al despedirnos, el tema se había olvidado y un abrazo lo zanjó definitivamente, al menos conmigo, que con Boris no sé qué pasaría, la verdad es que no nos frecuentamos mucho. Tengo incluso que solventar, si es que alguna vez puedo y quiere, por qué me vetó cuando, tras *Crónicas marcianas,* presentó *Channel 4* al lado de Ana García Siñeriz, una cosa que nadie me ha sabido explicar, porque la directora del programa era Amparo Miralles, que fuera productora de *Crónicas*, con quien siempre tuve un buen rollo, salvando las distancias, es decir, rollo correcto, pero sin más. Ya he señalado que yo no era del clan Sardá y ella sí, completamente sí.

La parte más dura y tremenda que pasé con Rocío fue cuando lo de su estancia en Houston para tratarse el cáncer que se la llevó para siempre. Estaba yo en Nueva York cubriendo el desfile de Custo para la Semana de la Moda de esa ciudad y me llamaron del periódico para pedirme que no volviera a España, sino que volase a Houston y me quedara allí hasta que pasara algo con Rocío. Este pasara algo se interpretaba hasta que regresara a España o muriera. Y para allá que me fui. El hotel que me habían buscado no era precisamente el que yo necesitaba para estar allí, aunque he de reconocer que era un lugar idóneo para introducirme en el mundo de la enfermedad. Para mí era terrible, soy pusilánime, tengo todos los miedos del mundo, no sé cómo me enfrentaría a esa enfermedad o a cualquier otra de esas terribles consecuencias. Estaba el hotel en la carretera, aislado de todo lo demás, sólo había un restaurante de hamburguesas a unos doscientos metros y nada más. Mirases hacia donde mirases el horizonte presidía el paisaje circundado de autopistas con escaso movimiento. Estaba en la zona de hoteles que podía interpretarse como salas de espera para pacientes y familiares. Aunque había relativamente buena luz, la penumbra ambiental era terrible. Cada día, bajar a desayunar ya era el prefacio de lo que me aguardaba. En cada una de las mesas un enfermo y sus familiares. Los había de todas las edades y condiciones. Tristeza absoluta, melancolía, café con un ligero rayo de esperanza, bollos con ánimo de supervivencia, zumo de vida anaranjado que se escapa por todos los poros. Había un porche en el que salía a fumar un cigarrillo no menos desesperanzador: allí aguardaba la ambulancia a los pacientes para ser trasladados al hospital. Cada media hora o tres cuartos de hora el trasvase rutinario: los que devuelven, los que se van. El camino a la habitación, que no era especialmente alegre aunque sí suficientemente grande, era otro camino doloroso: cuando no se abría una puerta con un enfermo con gotero, era el ascensor el que suministraba una camilla con otro; eso si por el pasillo no encontrabas a otro en idénticas condiciones de infelicidad y poca esperanza, que salía a respirar, un decir, un poco de aire fresco. Al menos la temperatura era agradable.

Me acerqué al hospital. Los medios desplazados por el mismo morbo que el que me habían transmitido, que no el mío, aguardaban en la puerta hasta que los empleados de seguridad primero y la policía después los expulsaban y se iban a un parking vecino donde instalaban sus cámaras. Era complicado y difícil. Y arriesgado, muy arriesgado, porque la policía te preguntaba qué estabas haciendo allí, donde no se podía estar. Si decías que estabas trabajando te arriesgabas a que te pidieran el permiso de trabajo, un visado especial que necesitas para entrar en Estados Unidos, y allí todos estábamos con visa turística.

Tampoco quería unirme al resto de colegas. Quería diseñar mi propio plan, una aventura de la que debía excluir a Rocío, aislada por completo e inaccesible y que tampoco quería completar con la familia, asaltada por las cámaras cada vez que entraban o salían. La solución me la facilitaron en el hotel casi por casualidad. Como no conduzco, busqué un coche con chófer para mis desplazamientos: salía casi al mismo precio que un taxi que llegaba del centro de la ciudad y eso ya era un dinero. La casualidad hizo que el conductor, hispano, tuviera a su esposa ingresada con un cáncer en el mismo hospital que Rocío. Así que me convertí en acompañante perpetuo del chófer, aunque tuve que ingeniármelas para que los colegas no me vieran entrar y salir: hubiera sido un desastre.

Por suerte, al hospital podía accederse también desde

un hotel con el que comunicaba a través de un puente que cruzaba tres autopistas. Para poder atravesarlo debías identificarte, o bien vivías en el hotel, que era el salvoconducto que te reconocía como enfermo o familiar, o bien demostrabas que tenías un pariente en el centro. Al lado del conductor me convertí en primo español de su esposa, y así entraba y salía, siempre con él, que era el responsable cónyuge. Recorrí todas las plantas, esperando, en vano, encontrar a alguien de la familia que me facilitara el encuentro. Tomé docenas de ese infumable café americano, Coca-Cola a litros, Donuts, subí y bajé todas las plantas, evitando la recepción y la planta baja, donde las medidas de seguridad eran extremas y a la que te veían más de dos veces te interrogaban hasta la saciedad y te expulsaban. Entonces ya era imposible volver. A mí me interrogaron dos veces, pero con suerte: el chófer les contó mi «parentesco» y no pasó nada, aunque fue mejor no repetir la operación. Cada día enviaba un artículo a *La Vanguardia* detallando los trayectos, datos del centro, los menús del día en los restaurantes. Ellos, por su parte, recibían mejores noticias que yo gracias a las agencias que entrevistaban someramente a los familiares allí donde los pillaban. Yo era la información complementaria, la base de datos, el alrededor, el no deseado entorno de la más grande, que se iba encogiendo día a día.

Así iba pasando los días, con el corazón que se me iba arrugando, con el diálogo con el personal del hotel, con el camarero de las tardes que me ponía el whisky con cola, con la recepcionista del turno de noche que era el más triste por el silencio. O el de las mañanas con sol, que eran casi todas, con el salón de los desayunos lleno de esperanzas no manifiestas. Seriedad, desespero contenido de gentes de toda edad. Un buen día a media mañana salí a respirar aire, a caminar al lado de una de las carreteras de mínimo movimiento, nadie por ninguna parte. De repente, a lo lejos, una silueta se acercaba. Yo tenía ganas de hablar con quien fuera, en cualquier idioma, aunque no lo conociera. Con las manos, con gestos. Pero hubo suerte: era un colega de Madrid, Miguel Ángel Nicolás, a quien le pasaba lo mismo. Necesitaba salir, airearse, apartarse por un rato de la situación insostenible, del dolor de una artista que también le era querida y a quien tampoco había logrado ver.

Un día me tomé la mañana libre y fui al centro espacial, aquel de «Houston, tenemos un problema». Y allí retomé la realidad del negocio, de la vida, del futuro, de la investigación, de las dudas, del más allá sin resolver. Me compré una gorra, una cazadora y me hice una foto vestido de astronauta. Pura diversión ingenua, nada que pensar, nada que resolver. Me senté en un patio y empezó a llover, unos pájaros se pusieron a la vera y les dejé migas de pan del bocadillo que me estaba comiendo. Ya sé que esto que cuento es irrelevante. Pero en aquellos momentos me sirvió de ayuda. Sobre todo porque después me acerqué hasta un *mall*, uno de esos centros comerciales gigantescos donde la gente se entrega a satisfacer vanidades terrenales. Era un contraste enorme entre el dolor de unos cuantos y la felicidad para muchos más, que la encontraban comprando o comiendo. En cualquier caso, viviendo.

Al cabo de quince días, y sin noticias de nada, avisé a la redacción de que volvía a casa, que ya no podía más.

Recogí mis cosas y me fui al aeropuerto. Allí tomé un vuelo hasta Nueva York y al día siguiente otro para Barcelona. Rocío fallecía días después en Madrid, donde llegó en un vuelo privado. Luego vino todo lo demás. La fiesta se acabó, ahora la familia era la que lloraba, pero ya con ellos apenas tenía contacto. La hija, Rociíto, ya se había separado de su marido Antonio David, de quien fui tan amigo y la única persona que me puso un pleito en mi dilatada carrera profesional por revelar unos datos que, curiosamente, me había facilitado su esposa. Ya ven, uno que se cree tan listo y cae víctima de los enredos de una pareja de desangelados seres, sin oficio, pero con muchos beneficios logrados gracias a una madre y suegra que se ganó el respeto pisando escenarios, luchando y compitiendo. Luego vendrían los líos por la herencia, la custodia de los hijos, las descalificaciones y toda la parafernalia que se organiza cuando la persona que ha llevado el dinero a casa se muere. Habrá además quien le eche las culpas a Rocío por haber dominado sin saber educar, por malcriar a su hija y hacer un entorno feliz aunque fuera, a veces, a costa de infelicidades, de espejismos y trampantojos en los que se fueron cayendo, sin darse cuenta, los espíritus de los miembros de una familia que sin el control de la más grande se perdieron descontrolados entre las pasiones terrenas más elementales.

Isabel Pantoja

Dicen de ella que ahora es la más grande. Y no voy a ser yo quien censure el parecer de sus fans, capaces de hundir o elevar, de revivir o rematar a cualquiera. Reconozco que es un animal de escenario, que tiene temas muy buenos y excelente voz. Nadie como ella maneja la bata de cola (a excepción de doña Lola Flores, que es irrepetible) y tiene toda la pinta de ser lista, que no quiere decir que sea inteligente. No tengo elementos de juicio suficientes para juzgar sobre su participación en todos los asuntos en los que está imputada por el tema del Caso Malaya, ni del otro tema, masculino singular, que se llama Julián Muñoz, la más rápida transformación de camarero a magnate (no habré escrito *mangante*, ¿no?) que se conoce. Conozco algunos de albañil a constructor, o de disc-jockey a dueño de discoteca con cotos de caza, pero el de Muñoz fue un tema totalmente nuevo para mí, sobre todo porque incluía el papel de alcalde (de verdad) de una ciudad como Marbella, que yo creí monarquía por la reina Gunilla (un encanto de señora a pesar de lo que puedan creer) y ha resultado ser una república bananera donde el dinero del contribuyente, supuestamente, se ha perdido en bolsillos ajenos. Y con ese vil metal (más vil que nunca), se han comprado casas, ganaderías, en fin, trabajo habrá para encontrarlo. Ahora todos están en tela de juicio, pero cuando empezaron a disfrutar el dinero, al parecer ajeno, la pareja del momento, Muñoz-Pantoja, unidos hasta en el hierro de una de las ganaderías no sé si propias o asociadas (aunque Pantoja declaró en su día que PM era Pantoja Martín, que es su segundo apellido), derrochaba dinero a raudales. En un restaurante de Barcelona que ya no existe, pero tengo localizada a la camarera que los atendió, pagaron una opípara cena al contado, dejando generosísima propina, proveniente toda la pasta de un fajo de billetes de quinientos euracos que Muñoz sacó enrollados del bolsillo de su pantalón. La camarera se quedó espantada al ver tanto dinero y me lo contó al día siguiente. Pasaron de quererse locamente al odio eterno, hay que ver qué cosas tiene el amor. Se dejaron de ver y se dejaron de hablar. Y se marcharon de la casa Mi Gitana («¿me quieres, gitana?», que ahora suena a cursilada cañí, le decía él a ella) y de la urbanización que, graciosamente, se llamaba La Pera, y es que todo allí era eso, la pera.

Pasaron por la cárcel, él más que ella, que sólo estuvo un rato, y ahora les espera el juicio para junio de 2012, que si tarda un poco más igual se descubre que el delito ha prescrito, lo cual volvería a ser la pera. Somos una zarzuela sin remisión, un país en el que el fraude tarda en ser juzgado demasiado tiempo. Mientras, los protagonistas acuden a platós de televisión donde no sólo se forran, sino que construyen sus ingenuas plataformas de defensa, sobre todo porque juega el factor amor, amor. Muñoz ya se ha enfrentado bajo los focos con su esposa Maite Zaldívar, la que en su día, cuando se enteró de que su Muñoz salía con Isabel, amiga de ambos para más inri, llegó a contar en vivo y en directo que el dinero llegaba a su casa en bolsas de basura; hasta en el bolso son horteras esos presuntamente desaprensivos.

Como es un lío de gran magnitud, vamos a ver cómo lo resuelven los jueces, que la ley es una para todos, grande para unos menos, y extraña para el resto. Su aplicación es todavía más compleja, incluso puede suceder que uno sea culpable y el otro subsidiario, dependerá de cómo anden los gustos por la copla. Espero que sea broma.

Pero para que vean cuán listas son las mujeres o qué imbéciles somos los hombres, mientras Muñoz, el macho ibérico, ha quemado ya casi todas sus naves en platós de televisión, entrevistas y peleas familiares (sus hijas también entran en el montaje farfullero), Isabel se ha reservado para el final, para la apoteosis, o sea, para el día del juicio final (el doméstico, el suyo, no el otro), que lo de Josafat no será nada a su lado.

La *cuplegirl* se ha mantenido bajo su manto de lunares, se ha rodeado de su familia y por meses se ha dejado vilipendiar mientras ponía la otra mejilla. Su hijo, antes Paquirrín, ahora Kiko, la iba a hacer abuela y todo (al final se malogró el embarazo), y eso le daba una pátina de Dolorosa *max mix* que enloquecía a los fans. Su retiro temporal del escándalo obedecía a una sola razón: «Que me dejen [en paz], que se olviden [por un ratito] y que me aplaudan cada vez que haga un concierto», en el que, invariablemente, morcillea a placer las letras de sus canciones, letras envenenadas a Muñoz, dardo con secretas intenciones. El respetable (que siempre lo será) pillaba los mensajes, unas indicaciones primarias que reconducían la historia hacia los cauces del río Pantoja, manantial de fuente de mercurio y potasio.

Eso no era suficiente, era sólo una parte del plan. En el organigrama de ataque faltaba lo más esencial: el apoyo logístico de un medio de comunicación. Tenía que reunir algunos requisitos: ser de amplísimo alcance, popular hasta decir basta, líder en varias de sus franjas horarias y repleto de colaboradores cuyos problemas personales los hayan elevado a la categoría de *Episodios nacionales* con temas de notable calado. Ejemplos: el padre de mi hija viene a Madrid y no pasa a verla; encerrada en un paraíso tropical una mujer descubre que no ha tenido juventud y se olvida del marido, pero no; el bautizo del segundo hijo de una jovencita, pero no del primero, ¿la lleva al limbo de los niños perdidos a ella también?, y casos similares. Mientras, *Interviú* va desnudando a las mujeres o, en el colmo, vende que están desnudas cuando van más tapadas que María Dolores Pradera con sus ponchos. Por su parte los hombres se quitan la camisa en la revista que da nombre al buque insignia de la casa. Lo que está claro es que los componentes de *Sálvame*, que es el programa en cuestión, van cayendo víctimas de patologías neurovegetativas, aunque pasado un tiempo vuelven: no hay que perderse la merienda de cada tarde. La emisión es líder de audiencia (no vale decir «habría que ver qué audiencia», que la audiencia es la audiencia) y tira del carro de las tardes y de las noches de Telecinco, que ésa es la cadena elegida por madame

Pantoja-Tourvel para resolver una parte notable de sus relaciones peligrosas.

La tonadillera estaba llena de contenciosos contra la cadena, en uno de cuyos programas, *Aquí hay tomate*, la llamaban de todo menos bonita. Incluso se metían con el hijo, Paquirrín, a quien grababan dándose golpes contra una puerta metálica, orinando por la calle o sufriendo los efectos dipsómanos de una fiesta popular española llamada botellón de las madrugadas. Isabel mujer, o sea, lista, iba demandando (demanda que algo queda). Y a ella le ha quedado la capacidad de perdonar al medio. Pero, cuidado, el perdón tiene sus reglas: la cadena estará a disposición de Pantoja cuando llegue el momento: vamos, que si ingresara en prisión (la Macarena no lo permita), dirán que se está tomando un tiempo de reflexión como Karmele Marchante reposa después de un *lifting*. A las rejas de la celda les pondrán unas macetas y dirán que es la feria de gris, que se lleva el tono porque es color tendencia de la temporada. En fin, digo todo esto por si llegara el momento, que no llegará.

Por ahora las tropas se están preparando para la batalla en sus cuarteles generales. Han engrosado la lista de generales con la brigadista García Cortés, de quien no mostrarán imagen alguna saliendo del casino, y con el añadido de Kiko (nunca más Paquirrín), tras ir de concursante a una isla de los deseos de la que salió por gota. Yo creo que lo dejó porque pasaba hambre, pero no de sed y justicia, como mamá, sino de apetitos varios, desde un chuletón a una moza o una fiesta. O los tres deseos juntos. Ya repuesto de todo, el chaval que embaraza a todas sus novias (siempre acierta, pero nunca se lleva el muñeco) me lo han colocado de representante del jurado popular de un concurso de nuevos valores en el que tiene de compañero al inefable Risto Mejide —cuya maldad han recuperado para joder a los más ingenuos y con menos posibilidad de defensa— y a Rockefeller, un millonario al que aún no le ha echado el ojo Bárbara Rey.

Isabel ya es Maribel para Jorge Javier Vázquez (que la llamó de todo menos así en el difunto *Tomate* televisivo), y ella contesta a todas sus llamadas, aun en directo. Acudió al plató a recibir a Kiko a la vuelta de la isla sin pecado (porque no había ocasión) y apareció tras una pantalla que se abrió como las aguas del mar Rojo frente a Moisés: en realidad, a raíz de su expresión monocromática no sabías si sabía que iba a recibir a su hijo y no era la apoteosis de uno de sus conciertos. Maribel dio las campanadas y las uvas en la cadena, con su hijo y con Jorge Javier, el más listo de los tres, porque es el que más dinero lleva ganado. Y eso es lo que cuenta, aunque a veces tirar de ese carro que él conduce tiene que doler. De las cervicales a las pelotas, pasando por el corazón, que tiene.

Todo a punto, la cadena lista, las tropas formadas, el general Vázquez con toda la artillería dispuesta. El juicio será largo, tal vez nos dé para una próxima entrega. Pero ahora, en el más puro estilo Mila Ximénez de Cisneros, voy a contar algo. Nunca he creído que las personas mejoremos con el tiempo, más bien todo lo contrario. No se trata de que empeoremos, sino que se nos estropean las meninges. Ya no pecamos como antes, seducidos y abandonados por intereses intrascendentes, pecados de uso inmediato, sino que lo hacemos con interés y alevosía, la edad nos lleva por otros derroteros más proclives al engaño para satisfacer una ambición desmesurada que en algunos casos apenas nos va a quedar tiempo de disfrutar.

Por eso quiero contarles una anécdota sucedida con Isabel (yo nunca la llamaré Maribel, lo entenderán cuando acaben de leerla). Tuvo lugar también en ese millón de años en que colocamos todas nuestras citas que no recordamos en qué fecha sucedieron. Estaba yo trabajando en el enésimo programa de televisión y les propuse, y aceptaron, grabar una entrevista con Pantoja, pero un tanto diferente. Instalada ella en una suite del hotel Princesa Sofía, recibía a un camarero que le servía el desayuno en la cama. El camarero, que era yo, figuraba que llevaba una cámara diminuta que iba grabándolo todo. Ante la insistencia de preguntas por mi parte, Isabel hacía como que se daba cuenta de que yo no era camarero sino periodista, se enfadaba y me echaba de la habitación, aunque luego venía a buscarme y terminaba todo en un abrazo.

Fui a esta grabación con Conchita Vilella (ay, siempre Conchita), que estaba interesada en conocer a Pantoja. Como detalle le llevó una blusa de seda en color crema y un perfume, todo de la firma Cacharel, de la que ella llevaba las relaciones públicas en España. A Pantoja le encantó el regalo y se deshizo en elogios hacia la marca, «mi favorita», decía. Lo repitió tantas veces que al final Conchita la invitó a ir al *showroom* a ver la colección. Allí la cantante se sintió como en la cueva de Alí Babá. Venga a coger prendas que iba amontonando sobre el mostrador, la pila subía y subía. En un momento dado, Conchita le preguntó algo tan elemental como «y esto, ¿cómo quieres arreglarlo?». Quería decir abonarlo, es decir, pagarlo, pero en más fino. «¡Ah!», se sorprendió Pantoja, creyendo que todo era un regalo por los elogios vertidos. Conchita le hizo algunas propuestas. «Si quieres, pagas una parte a precio de coste, te regalo la otra. O bien llévate algunas prendas, si son pocas...» Pero fue Pantoja, a quien eso de pagar no le debe de sentar muy bien, quien dijo: «Mira, si quieres, yo voy cogiendo ropa todo el invierno y cuando llegue Semana Santa hacemos un reportaje en mi casa de Sevilla para *¡Hola!*, que quieren hacerlo, y poso con la colección de primavera-verano.»

A Conchita le pareció buena idea, Pantoja cogió una primera entrega y se fue. Desde ese día y durante todo el invierno, Isabel iba pidiendo ropa, para ella, para su hijo, para su madre y, en el colmo, un día le llegó a pedir que le mandara todo lo que tuviera en color morado para una tía que llevaba hábito. La cosa iba subiendo, hasta Agustín y el trío de chicas que la acompañaban en los conciertos se surtían en Cacharel. Aquello era un no parar. Y llegó la fecha señalada, tras un tira y afloja de días, que a Pantoja nunca le iba bien, Conchita organiza la sesión. Estilista, peluquero, fotógrafo y la ropa de verano. Así que, pom, pom. «¿Quién es?» «Soy Conchita.» «¿Qué quieres?» «Venía a hacer el reportaje que quedamos.» «Ah, sí... Esto... ¿Te firmé algún papel comprometiéndome? ¿No? Pues no pierdas el tiempo, guapa.» Y ahí se acabó todo. Bueno, del todo, del todo, no se acabó, porque Conchita tuvo que rendir cuentas a su jefe, Josep Madí, representante de la firma en España (y padre del político catalán convergente David Madí), que le descontó cincuenta mil pesetas cada mes a Conchita hasta saldar la deuda de Pantoja, que rondaba entre el millón y millón y medio. Creo que le perdonó algo, pero Conchita jamás se lo perdonó a Pantoja. Y ahora, fallecida Conchita, yo tampoco.

O sea, vamos a tirar de refranes: de aquellos polvos llegaron estos lodos; quien mal anda, mal acaba; dime con quién vas y te diré quién eres. Hay más, pero estos ejemplos me sirven para componer un retablo macareno. Y con un valor añadido. Sabedora de que yo conté la historia por activa y por pasiva, un día que nos encontramos en la rueda de prensa en la que presentaba un nuevo disco, me increpó delante de todos. No afrontó el problema, se limitó a ponerme malas caras, a increparme de malos modos acerca de lo que iba a preguntarle. Le dije que sólo le citaría los títulos de los temas y que ella comentase. Todo iba bien hasta que llegó uno que se llamaba «Veneno». «¿Veneno? Veneno *pa* ti y *pa* los que son como tú.» Se armó un altercado del que tuve que salir, no saben lo que son los entornos de los artistas. Y el de ella más.

Con este par de cosillas a mí me basta para componer un juicio, que no juzgar a nadie. Pero yo ya tengo bastante. Ahora que sean los jueces quienes hagan su trabajo, que de eso, de trabajo, va a sobrarles.

Las modelos

Son esos seres en principio angelicales en quienes confían los publicitarios para hacernos comprar cualquier cosa, aunque no la necesitemos. En función del producto ellas son buenas o malas, rubias o morenas, van vestidas o desnudas, y ríen o lloran. Bajo toda esta capa se encuentra siempre una mujer, por regla general fascinante, que tiene que sufrir lo suyo para transmitir todo su surtido de sabores más completo que el de las galletas Birba.

La suerte, el trabajo y el carácter me han llevado a conocer a varias de ellas, de Valeria Mazza a Cindy Crawford, de Claudia Schiffer a Naomi Campbell, Isabeli Fontana, Adriana Lima, Elle Macpherson o, para mí, la más divertida, Karolina Kurkova. A algunas las he tratado más y a otras menos, sin que el haberlas tratado más quiera decir que las conozca mejor que a las que conozco menos. Divertido, ¿no? Por ejemplo, Naomi Campbell: he comido un par de veces con ella, he pasado el rato frente a las fuentes de Montjuich, y he compartido una larga espera de más de media hora en una habitación de una galería de arte junto a Tyson Beckford, el modelo, con quien iba a presentar su trabajo para Pirelli, en el que ambos no llevaban más que el reloj y las zapatillas. Allí estábamos, esperando que se calmasen los ánimos y que público y prensa, sin este orden necesariamente, se recolocasen los unos y los otros. Beckford estuvo simpático; Naomi, también, en los escasos segundos que su móvil dejaba de sonar. Bajó de una limusina hablando por teléfono, estábamos a varios grados bajo cero y ella llevaba una volátil falda de gasa, unas braguitas (se le transparentaban) y una cazadora de cuero abierta sobre un top tan liviano como la falda. Hablaba y hablaba, Beckford y yo la esperábamos en la calle, hasta que, hartos, la cogimos y la metimos en un edificio anexo a la sala de arte donde iba a presentarse el trabajo fotográfico. Estaba divertida Naomi, gesticulando, moviendo los brazos, alzando la voz, pero sin enfados. Se reía de nosotros, se burlaba de su falda, de su pelo, volvía a gritar. Colgaba y de inmediato el móvil sonaba de nuevo. Se reía. Y yo me acordé en especial de un almuerzo con ella en el Salón del Automóvil de Barcelona. Hablamos de todo y de nada, de comida, de ropa, de diseñadores varios. Tenía prisa, así que salimos a hacer unas fotografías cerca de las fuentes, por el paseo. Hiperactiva, corría, saltaba, caminaba forzando poses, jugando con su cuerpo, realmente de gacela como dicen. Luego volvimos a por el postre, no tomó café. Se fue corriendo.

Y también corriendo se fue tras el desfile de Dolores Cortés en uno de los salones Gaudí de moda en Barcelona. Llegó tarde, con el tiempo justo, en avión privado. Ese día estaba borde y ejercía de estrellona. No quería ponerse la ropa asignada y se metió en el probador de

Victorio & Lucchino, dijo que aquélla sí. Pero tuvo que ponerse la de Cortés, que era quien la había contratado. Salió a la pasarela y deslumbró. Hizo tres pases y con el vestido del último salió disparada al aeropuerto, sin posar con la diseñadora como estaba en contrato. Pero pleitos tengas y los ganes.

Con Schiffer la cosa ya fue hasta desagradable. Fui su chico de servicio en la apertura de los Juegos Olímpicos de Barcelona 92. Venía con una mánager que parecía haber diseñado la estupidez ella misma y tener la exclusiva. Ni me dirigieron la palabra en el camino de ida, ni en el de vuelta. Ni por supuesto durante la ceremonia, en que tuve al lado a la teutona. Sólo se dirigía a mí para pedirme cosas, que si un chicle, que si algo para comer, que si un refresco, que si un café. Mentalmente la mandé a paseo, aunque en su última petición le señalé dónde estaba el bar para que fuera ella. Ya no me habló más hasta la hora de la salida, ya que, por imperativos de seguridad, teníamos que irnos antes de que terminase el acto. Durante la actuación lírica nos levantamos discretamente y fuimos bajando algunos pisos. Se detenía en cada uno de ellos para poder escuchar a los divos de la ópera, pero a la que nos deteníamos siquiera un momento la gente se agrupaba alrededor. Así fuimos tirando hasta llegar a la puerta, donde el gentío empezaba a ser notable. «¿Dónde están los coches?», pregunta mirando al infinito muy a lo Greta Garbo en la secuencia final de *Cristina de Suecia*. Y le digo que allí abajo, en la plaza de España. Se estira y se encoge dentro de un Chanel negro sin mangas y parece que va a enfurecerse, que va a salir volando. Le miro los pies, lleva unas zapatillas, negras también, planas, superplanas, pero sigue siendo alta, superalta. Y empezamos a andar. Como sigue sin dirigirme la palabra encuentro a un colega y le pido que localice a los fotógrafos de prensa que la andaban buscando para que les diga que vamos a ir por las escaleras mecánicas hasta el paseo y luego iremos hasta la plaza de España por el lado izquierdo, que al llegar cruzaremos por el último paso de cebra, porque los coches están a la derecha. A medio camino aparecen las cámaras y desde ahí hasta que subió al automóvil fue un sendero de luz que iluminaba y deslumbraba, y que al mismo tiempo era un reclamo para la gente que nos seguía como si fuera un paso de Semana Santa.

Tomó asiento al lado de la pesada de la mánager (aunque había incordiado menos que ella) y nos fuimos a cenar al Up & Down, donde nos esperaba Dolly Fontana en la puerta. Teníamos una mesa reservada en la terraza, donde habían bajado las persianas para evitar las miradas de los curiosos. Y ahí el gran chasco. Cuando vamos a sentarnos, la señorita Schiffer nos dice que quieren cenar solas. O sea que adiós, muy buenas. En éstas que llega Alberto de Mónaco, que es un encanto, y ella se levanta. Se saludan y cuando van a besarse, me voy a la ventana y la levanto con toda rapidez, ofreciendo a los fotógrafos que esperaban algo parecido por mi parte en cualquier momento. Tuvieron la foto, Alberto y Schiffer besándose en unos días en que muchos se preguntaban si existía entre ambos algo más que una buena amistad y pegándole otra vuelta de tuerca a uno de los temas recurrentes: la sexualidad del príncipe, que aquí todos somos muy modernos, pero cuando un tío no se casa a los cuarenta es maricón, una mujer se convierte en solterona. En este nivel, la modelo teutona sería el apaño perfecto, porque también la ennoviaron con David Copperfield, que será gay, pero que ha sido papá en secreto, lo cual no quiere decir nada (hay casados con hijos que practican el sexo monoparental, y disculpen la tontería). Con el mago la cosa llegó demasiado lejos, porque en el estreno de la película *Prêt-à-porter* que hicieron en París los de Bvlgari, la firma italiana de joyería, organizó un viaje de prensa para que viéramos y diéramos fe (para eso pagaron los gastos) de la entrega de un fabuloso brillante de pedida a la chica por parte del señor. Y estaba tan cantado que todo aquello era un anuncio que aumentó la teoría de que el romance era una tapadera para despistar sobre la sexualidad del señor. De todos modos, Schiffer no me gusta nada.

Todo lo contrario que Cindy Crawford, la alegría de la huerta, que es divertida, amable, toda sonrisas. La conocí en Madrid en la presentación de una marca de maletas, y como me pasó con Spielberg, me confundió con alguien de la televisión americana. Nos reímos mucho y, luego fuimos a cenar, donde siguió derrochando alegría y demostró que tiene un apetito feroz y come que es un primor. Algún tiempo después conocí a su marido, Randy Gerber, que es a juego. Fue en el hotel Mondrian de Los Ángeles, donde habíamos ido a ver el desfile de Custo. La cena fue de lo más impresionante: en la mesa de al lado Stevie Wonder celebraba el cumpleaños de la hija de unos amigos y entre todos nos regalaron una versión góspel del *Happy Birthday* sensacional. Luego, en el baño, pudimos comprobar las «facultades» físicas de Dennis

Rodman, que sin ánimo de nada, por ninguna de las partes contratantes, estaba de cara a la pared haciendo sus cosas. Y a una notable distancia. No acabarían ahí las sorpresas, porque tras la cena salimos a la terraza a tomar una copa. Había una fiesta privada en la parte superior de la piscina, que tiene forma de tronco de pirámide, en una parte que dispone precisamente Randy Gerber, marido de Cindy Crawford, con su franquicia Whisky Blue, que está en muchos hoteles de última hora de Estados Unidos porque es lo más de lo más. Como Gerber estaba por allí nos hizo socios vip del club que permite tomar copas en esos hoteles y disfrutar de la música más marchosa. Felices estábamos cuando en el lateral donde me apoyaba se abrió una puerta y tras dos gorilas apareció Prince justo a mi lado, con su mujer. Como un fan de toda la vida le dije: «¡Oh, Prince!», y él asintió. En esc espacio de tiempo la mujer reparó en el abrigo *made in Custo* que llevaba la secretaria del diseñador y dijo: «¡Oh, es un abrigo de Custo!», a lo que yo añadí: «Sí, y Custo es éste. Mira, Custo, te presento a Prince.» Atónito respondió: «¿Es amigo tuyo?» «Pero qué va, lo acabo de saludar.» Besos, abrazos, admiración y Custo, veloz, que le ordena a su secretaria que le regale el abrigo. Misión imposible, porque la señora Prince mide medio metro y la otra metro y medio. Total, se invitaron mutuamente al concierto y al desfile y quedaron tan amigos. Por supuesto ni el uno fue al desfile ni el otro al concierto, pero quedamos todos la mar de bien. Tampoco acabó ahí la cosa, porque mi vecina de habitación era Allegra Versace, sobrina del asesinado diseñador, que cumplía dieciocho años y de quien me contaba la señora de la limpieza, que era cubana, que la pobrecita se pasaba el día vomitando, que estaba siempre triste y que ese día había llorado mientras hablaba por teléfono con su madre (Donatella) y hablaban de la herencia y cosas de dinero, me dijo mi informadora.

Karolina Kurkova me llama Bagdad, pero no por la capital, sino por la sala de fiestas barcelonesa pionera en el porno. Cenábamos una noche en lo que fuera Gargantúa y Pantagruel, y hoy es la Fonda Gaig de la ciudad condal. Estábamos su novio, un par de mánagers y yo. La cosa se iba animando y yo les propuse ir a la sala. «¿Qué pasa ahí?» Y me expliqué con todo lujo de detalles, en especial acerca de las facultades y habilidades del faquir Kumar, que levantaba y tocaba una campana de notables dimensiones y peso, sujeta al prepucio, a la vista de todos, con una argolla que lo atravesaba. Karolina, entre curiosa, intrigada, dubitativa y sobre todo divertida, insistía en ir, pero su novio no estaba demasiado por la labor.

En éstas, la Kurkova salió para ir al baño. Al cabo de unos minutos la oímos chillar. Abrimos la puerta y la vemos en el umbral de otro de los reservados, cambiando el grito por sus carcajadas habituales. Fuimos para allí y encontramos una escena singular: unos veinte jóvenes celebrando la despedida de soltero de uno de ellos. Casi todos encima de las sillas, agitando unos pañuelos mientras tres le estaban colocando un tanga al novio para llevarlo al baño del salón principal cogido por las piernas y andando el hombre con las manos. Al grito de la modelo siguió otro de admiración totalmente masculino porque interpretaron que Karolina era la estríper contratada para rematar el evento. Gran chica, excepcional mujer y espléndida belleza, es un placer cada vez que me grita «Bagdad, Bagdad», porque, entre otras cosas, no recuerda mi nombre.

Con las modelos españolas tengo experiencias de todo tipo. La mejor con Nieves Álvarez, que no sólo es un espectáculo de señora que mejora con el tiempo, sino que ha evolucionado hacia un nuevo estado: mamá perfecta. Al lado, siempre su marido, Marco Severini, que la conoció en las pasarelas: ella desfilaba y él la inmortalizaba en imágenes.

Se fue enamorando sin darse cuenta, y a ella le pasó lo mismo. Se encontraban en cualquier parte del mundo y para ellos donde estuvieran era el mundo. Esto es cursi de narices, pero en su caso es verdad. Nieves es una mujer de la que se puede enamorar todo el mundo, lo difícil es que ella se enamore de ti. Por eso hay que aplaudir a Marco, que la ganó con esfuerzo y perseverancia. Y aquí me paro porque esto ya queda muy relamido. La primera vez que vi a Nieves fue en Barcelona, donde había venido para hacer unas fotos en las que le habían pedido que se cortara la melena. La mánager me la dejó a mi cuidado y nos encontramos en una cafetería cerca de su hotel. Estaba bellísima, encantadora. Una Audrey Hepburn de ahora mismo. No nos conocíamos mucho, pero congeniamos enseguida. Paseamos por la Rambla y llegamos hasta el Maremagnum, que entonces estaba de moda, allá en el puerto cerca de Colón. Cenamos en un restaurante italiano y después tomamos una copa. Al día siguiente ella se marchó a Madrid y desde entonces nos vemos esporádicamente, aunque al principio nos llamábamos mucho. El día que me presentó a Marco les pronostiqué que se casarían y ellos me dijeron que si lo hacían me invitarían a la boda. Y llegó el día: se casaron. Lo hicieron en Bali y la pareja tuvo el detallazo de tratar de pagarme los gastos del viaje, avión y hotel, que no acepté por dos razones. La primera porque no me parecía ético y luego porque en el grupo de gente invitada por este sistema estaban sus amigas de profesión y algunas de sus parejas, todos con una relación mucho más estrecha que la mía. Además, no quería que se sintieran molestos por la presencia de un periodista: creí que les limitaría su libertad. Así que me saqué un billete y me busqué un hotel bastante apartado del de ellos. Y llegó el día de la boda. Se trajeron a un sacerdote católico desde Valladolid, patria de la chica, y hasta allí se fue la misma Nati Abascal, estilista del reportaje del que *¡Hola!* tenía la exclusiva. A pesar de ello, y contra norma, todos los invitados tuvimos libertad para hacer las fotos que quisiéramos, incluido yo. Nadie puso ni una pega, a excepción de Beltrán Gómez Acebo, cuya pareja, la también bella Laura Ponte, obviando que yo era tan invitado como ella, me pidió que no les hiciera fotos, que Beltrán odiaba eso. Le di mi cámara y le dije: «Toma, haz tú misma las fotos, pero ten en cuenta que son para mi álbum, así estaréis más tranquilos.» Se ofendió un tanto o me lo pareció. Así que hice todas las fotos que me dio la gana y a quien me dio la gana, todos posaban para todos. Y allí estaban las colegas de Nieves, Laura Sánchez, salvajemente divertida; Verónica Blume, extraña y misteriosa, muy zen; Martina Klein, a la deriva en su bellísima juventud. La ceremonia maravillosa, en una meseta que coronaba una colina de césped, rodeada a su vez de un valle con un río y todo metido en un enclave paradisíaco. Tumbado en el suelo, las palmeras te acunaban y las estrellas te vigilaban, una pasada. Poco antes de servir la cena me marché. Habían dispuesto la mesa para exactamente sesenta personas, una mesa imperial digna de House and Garden. Nieves y Marco habían pedido confirmaciones concretas para hacer la mesa, y no cabía nadie más, ni uno más. Pero uno de los amigos de Madrid, diseñador por más señas, se trajo a su pareja, al que sentó en mi sitio, con lo que yo me quedaba fuera. Para no molestar ni poner en un aprieto a los novios, desaparecí sin decir nada. Cuando notaron mi ausencia, ya era muy tarde, pero no pasaba nada. A las dos semanas salió el reportaje en *¡Hola!*: la única imagen que puede dar fe de que yo estaba en la ceremonia es un cruel plano general que ocupa dos páginas, las centrales, con todos los invitados ocupando el anfiteatro. Se me adivina debajo de la grapa que ata las páginas, esa pequeña mierdecilla impide que se me vea bien. Es la única foto donde estoy porque no me hicieron ni una más. Al principio me molestó ver cómo me ninguneaban, luego al ver el tipo de personajes que colocan en sus portadas e interiores ya vi que no tenía nada que ver la categoría del personaje, sólo su interés mediático. Si no, ¿de qué esas horribles vulgaridades que me ponen cada dos por tres?

Nieves y Marco son padres de un niño y dos gemelos (niño y niña), que sólo conozco por foto de móvil, pero que cualquier día veré. Los tres son guapos y fotogénicos.

En Bali estuve una tarde con las modelos citadas, a las que conozco desde hace tiempo, lo cual no quiere decir que las conozca bien. Laura Sánchez es una chica divertida: cuando se ríe abre tanto la boca que adivinas, mejor dicho, ves el esófago con toda facilidad. Su sentido del humor lo puedo resumir con este ejemplo: coincidimos en un vuelo Madrid-Sevilla y al llegar al aeropuerto la estaban esperando su padre y su hermano pequeño. Miré un tanto asombrado al padre, que es bajito y tirando a feo, muy feo. Laura, que se da cuenta, me agarra el brazo y me suelta: «A que es feo el *jodío*. Imagina si en lugar de salir a mi madre, salgo a él, una mierda iba yo a ser modelo.» Y nos echamos todos a reír, padre incluido.

Verónica Blume es mujer de interior, siempre está en el más allá, no es extraño que ande ahora entre yogas, meditaciones y rollos similares, y esté adaptando su vida a esas prestaciones tan naturistas. Le he conocido a algunos novios, que es enamoradiza. Y al padre de su hijo Liam, que es buzo, y al último, el francés Guillaume. Es de las que no cuentan nada, pero no se esconde: es lo que ves, aunque por lo general te deja mirar poco. Es poco formal y no puedes fiarte si quedas para un reportaje: luego siempre tiene un pretexto perdonable.

Con quien tuve más relación es con Martina Klein, aunque ahora andamos un tanto distanciados. Viví su romance con Álex de la Nuez y estuve cuando parió a su hijo Pablo en un bohemio ático del barrio de Gracia en Barcelona. Conocí a los abuelos, que son adorables, y me hacía gracia que el padre de Martina fuera más joven que yo. Luego se fueron a vivir a Madrid y les perdí un tanto la pista. Culta y lista, Martina es licenciada en Periodismo y trabajó en *La Vanguardia* como columnista con estilo diferencial. Al principio me mandaba los textos para que se los corrigiera (en realidad no hacía falta), y la ayudaba en los títulos. Con el tiempo se fueron espaciando estas conexiones hasta que desaparecieron sin motivo aparente, es como cuando uno deja de ir a un restaurante de toda la vida o cambia de marca de whisky. Nos encontramos por casualidad en una boda en Ibiza y allí ya vi que su relación de pareja no funcionaba: no hizo falta que me dijera nada, la conozco bien. Luego se separó y se enamoró del tenista Álex Corretja, y ha vuelto a Barcelona. Nunca me habló de ello, tampoco tenía por qué, pero me sentó mal, tampoco sé por qué. Nos vimos en la fiesta de Chanel, la verdad es que estuve frío y me mandó un correo al día siguiente que aún no he contestado, porque aún no sé qué decirle.

Porque ¿qué se le dice a una persona de quien crees que eres amigo cuando altera el contacto sin que haya mediado acto alguno que pueda conducir a ello? ¿Por qué se rompe una relación? ¿Cómo se deja de ser amigo? ¿Es la misma fórmula por la que se deja de ir al restaurante, como les contaba? ¿Qué es ser amigo? Y, peor, ¿qué es ser amigo de una persona famosa? Pienso a menudo en ella, sobre todo por una idiotez especial. Tengo los dedos tan gordos (igual que el desagradable de Karl Lagerfeld), que ahora, al escribir con el Mac, a veces toco dos teclas a la vez, lo que me ocasiona una pérdida de tiempo a la hora de corregir. Tengo algunas teclas «fijas»; cuando le doy a la «t» se me pega la «g»; a la «u» se le avanza la «j»; cada vez que pongo un acento se añade la «ñ» y, finalmente, cuando marco la «m» se le añade la «k», o sea, las iniciales de Martina y, mira tú, pienso en ella. Y como me pasa a menudo, pues ya ves... y ella sin llamar.

Tengo otro caso, el de Judit Mascó, que pudo ser la más cercana y es la más alejada. Era de mi barrio, de Les

Corts, donde sus padres regentaban una respetada academia. A mis hermanos pequeños les oía hablar del señor Mascó con gran respeto y un tanto de miedo, que no sé si eso es bueno (a la larga creo que sí). Judit tenía una hermana y un hermano que hicieron de modelos (al menos el chico) esporádicamente. Ella era la guapa de la casa, la *modeluqui* del barrio de quien yo no sabía nada. Hasta que un día, viendo un programa de la tele autonómica, la TV3, donde por cierto nunca me han dado trabajo, la encontré siendo entrevistada porque había sido portada de la revista *Sports Illustrated*, que nadie conocía a excepción de los cuatro salidos habituales amigos que se alteraban con el *Playboy*, el *Penthouse* y similares. El *Sports* era más serio, pero ponía a chicas estupendas en ropa de baño, de vez en cuando algún desnudo (hablo de aquel entonces), pero no era el caso de Judit, que, además de ser la primera española en salir en la revista, la habían puesto en la portada, que era lo más de lo más.

Judit, en la entrevista de televisión, estaba muy tapada, pero guapísima. Llevaba una blusa blanca, de mangas muy a lo pirata y encima un chaleco negro o verde oscuro, no recuerdo. La melena suelta, cascada de ondas que caían sobre la espalda. Guapísima. Me hubiera gustado verla de pie, que el presentador la recibiera de pie o la despidiera del mismo modo: ya que era una modelo y no una científica, lo ideal hubiera sido enseñarla. Pero al tipo en cuestión sólo le preocupaban dos cosas en aquel momento. Primero, cómo solucionar la inminente alopecia; segundo, cómo quitarse de encima a la pesada con quien iba a liarse. Para lo primero le rociaban la cabeza con un espray de color negro, de manera que al menos por cámara la cabeza se viera toda oscura. Para lo segundo, la historia es más delicada, así que dejemos en que la plantó cuando ya estaban diseñando el nido de amor que la pesada de la novia iba decorando. Volvamos a Judit. Esa noche estuvo correcta, ni bien ni mal. Era su primera vez y eso siempre duele, aunque guste; luego ya fue cogiendo experiencia y mírala, ahí la tenemos recibiendo en casa como la señora de Ferrero Rocher, aunque ese puesto fue y siempre será, lo siento Judit, de Isabel Preysler.

Judit tenía una mánager, la exmodelo Francina Díaz, ahora reciclada (y jubilada) en directora de agencia de modelos, profesión en la que siempre fue una clásica. Tras el éxito en el *Sports*, la popularidad de Judit se disparó al mismo tiempo que sus tarifas y ello dio lugar (un suponer, que yo no estaba en casa de los Mascó para escucharlo en directo) a que la familia le recomendara que volara sola o que se buscase otro representante que mejorara los beneficios económicos de los contratos. Judit y su madre fueron a ver a Francina y ésta se mostró reacia a soltar a la niña de sus ojos. Sé que se pelearon y que al final la solución llegó vía unos dineros. A ver, que la memoria no me falle que si pregunto a alguna de las dos partes contratantes, una me dirá que no lo recuerde (Judit) y la otra que no se acuerda (pero sí que se debe acordar). Así que vamos allá. Para lograr la libertad, Francina descontó unos cinco millones de pesetas de la época de los nueve que debía liquidarle por sus últimos trabajos. Sé que lo publiqué y que eso no gustó a nadie. Francina dejó de hablarme por un tiempo y con Judit fue peor. Tras un desfile en el que ella había trabajado, apareció su mamá, vino directa hasta mí y se lio a golpes de bolso llamándome de todo menos bonito. Yo no sabía quién era la agresora, aunque me preguntaba «¿Qué delito cometí contra vosotros escribiendo?». Me soplaban: «Es la madre de Judit.»

Después las cosas mejoraron ligeramente, pero nunca llegamos a ser amigos. Se casó con el novio de siempre, el abogado Eduardo Vicente, que podría usar el «de» entre nombre y apellido y no por un asunto de rancio abolengo, sino porque la ley lo permite cuando ambos son nombres propios (otro ejemplo, Rosa Benito, la cuñada de la recordada Rocío Jurado). Eran (son) una pareja guapa, ella la estrella, él siempre a su lado, más que discreto. Bueno, cuando lo encontraba con sus amigos en el Otto Zutz estaba mucho más distendido y parecía como más cordial, aunque esta actitud cambiaba radicalmente cuando iba con su esposa. Cosas de la vida, de la vida de casado, claro. Cuando nació María, la primera de sus cuatro hijas, traté de reiniciar una relación, pero nada de nada. Aún hoy en día, que los dos hemos cumplido años, debe de ser una de las pocas famosas con las que la relación personal es nula y de las que si algún día necesitara hablar con ella, tendría que llamar a su mánager, menos mal que ésta es un encanto, rubia y guapa. Se llama Beatriz Santamaría y es una de las «S» del despacho SSM, que quiere decir Samaranch, Santamaría y Maura (¿a que les suenan los apellidos?). Pues eso.

A, B, C, D

A modo de *bonus*, que es como la torna, la compensación, aquel pedacito de pan que añadían a la balanza cuando la barra no hacía el peso, les pongo un relato diferente, vivido también en primera persona, aunque como se darán cuenta omito nombres y localizaciones para evitar males mayores. Así que, como si de un juego se tratara, echen imaginación y traten de adivinar quiénes se esconden tras A, B, C y D. La estrella del relato es C, pero no corran y eviten hacer juicios, háganme el favor, que al fin y al cabo putas lo hemos sido todos alguna vez de una manera u otra. Vamos allá.

En un pueblo mediterráneo había una vez dos hermanos, A y B, que regentaban un más que próspero y rentable restaurante de playa, que era (es) lo más de lo más. A era el *playboy* de los dos, soltero con un hijo y cien novias a diario, bronceadísimo de slip ajustado, mechón en la frente, jugador de palas en la playa, base de sus triunfos. Su hermano B era diferente: casado, cuatro hijos, ejecutivo de su empresa inmobiliaria, poco viajado, nada deportista y con el pelo rizado versión África. Un buen día de verano íbamos a almorzar en el restaurante. Calor sofocante, unas cervezas. Los tres estábamos sentados en un extremo de la terraza desde donde se dominaba el panorama al completo, por un lado la playa, por el otro el movimiento del lugar. En éstas que llegan dos monumentos, dos señoras espectaculares, C y D, que de lejos me ven y me saludan con la mano. Todos miran a C, porque es toda una estrella reconocida en el país y parte del extranjero. Y desde ese instante, B jamás volvió a ser el mismo. «¿Las conoces?» «Sí.» «Invítalas a comer, por favor.» Me levanto, las invito, aceptan y se acercan. Iban en biquini ligero, ligerísimo. Presentaciones y se sientan. A junto a B, yo frente a A, y C frente a B, dejando a D en la cabecera de la mesa. Aperitivos, ensalada, *roneos* inocentes de C, que ignora a todos, especialmente a B, que empieza a caminar por el proceloso camino del deseo prohibido, que nunca ha sido él infiel a su esposa en los treinta años de casados. B está ausente y A se lo recrimina: «Pero ¿no ves? Esto es un putote, no pierdas la cabeza, estás tonto.» C ni se inmuta, sabe perfectamente que el putote es ella, pero sigue hablando con D, y, de vez en cuando, conmigo. Ignora a A por razones obvias, porque putote lo será, pero sorda, no. Sigue el almuerzo y B está que se sale, aunque lo que está a punto de salirse, o escaparse, es esa pequeña cosa que tenemos los caballeros de la que La Trinca cantaba que no venía de un palmo. C se da cuenta, saca su pie del zapato de tacón de madera y lo lanza, con toda discreción, pero fina y segura, sobre la pieza que va a escapar, que vamos todos en bañador, pero el de B es hoy un inadecuado y breve slip. C instala la planta del pie en el vértice, allí donde ellas guardan la sonrisa vertical y nosotros lo que podemos. B no es que esté feliz, es que está que se derrite, cualquier cosa puede pasar en cualquier momento. B no atiende a nada ni a nadie, vive en el imperio de los sentidos más elementales y conocidos, el de los deseos sexuales. A se apercibe de la maniobra y me dice: «Pero ¿tú ves esto?» Asiento. Entonces llega la paella y el camarero la sirve. Todos en silencio comemos. B no, porque sigue disfrutando del pie de C sobre su cosita, que a estas horas ya es cosaza. A dice que nunca había visto en su hermano esas medidas. Se acerca la escena cumbre, prepárense. C, que hasta ese momento ni se ha dignado mirar a B, sabedora de que la estrategia es ignorar, pero hacerse notar (en su caso con el pie), coge el tenedor, carga unos granos de arroz, se lo acerca a la boca y cuando lo tiene frente a la boca lo gira bruscamente, cae el arroz al plato y se introduce el tenedor en la boca y, a modo de falo, lo succiona con suavidad, lentamente. Entonces mira a B, que está a punto de morir de placer, su volcán va a estallar en cualquier momento. Es entonces cuando A, que se da cuenta de todo, le da una patada al zapato de C, que ha quedado tumbado en el suelo, y lo manda al quinto pino, tal es su rabia, mientras masculla «mi hermano es idiota». C, que está atenta a todo, me dice sin alterarse lo más mínimo. «Sando, ¿puedes acercarme el zapato, que algún perro se lo ha llevado hasta allí?» Y entonces salta A: «Mira, aquí, en esta mesa, la única perra que hay eres tú.» Podría haber ardido Troya, pero la habilidad de C en manejar estas situaciones y otras parecidas facilitó que llegásemos a los postres sin que B liberara sus fluidos (eso tenía que ser después, en otra parte), A no asesinase a C por esa misma razón, mientras D y yo éramos sujetos pacientes de la, al menos para mí, divertida situación: nunca había participado en una *paella sex*. Termina el almuerzo y B ya está listo para la comida: su delatador slip es objeto de mofa general, con excepción de C que, naturalmente, imagina réditos a corto plazo. C y D tienen que regresar a la ciudad y necesitan un taxi. «¿Cómo un taxi? Yo os bajo.» ¿Adivinan quién habló? Pues eso, es B, mientras A, que no quiere ser testigo de estas inversiones, me pide que le acompañe a tomar café a la barra. Me despido de C y D y me voy con A.

Al mediodía siguiente A y yo hemos olvidado el asunto cuando, de repente, aparece B. Su cara de felicidad irrita a A, que le observa atónito. Y dice B sin que nadie le pregunte: «Qué polvo, nenes, qué polvo, el mejor de mi vida, unas mamadas, una com...» «Para —le corta A—, no nos interesan los detalles de la cama. A ver, ¿cuánto te ha costado?» «Nada, no he pagado nada.» «¿Dónde habéis ido?», increpa A. «Al hotel Tal y Tal, porque resulta que las chicas estaban en casa de una amiga, pero tenían que marcharse porque llegaba su familia y necesitaban su habitación, así que les he cogido una suite por siete días en el hotel. También les he alquilado un coche por este tiempo, luego hemos ido de compras, nada un vestido de Gucci, uno de Prada, un bolso de Vuitton, un regalo para su madre y algunas tonterías más.» A, que mientras B hablaba me miraba gesticulando y arqueando las cejas, iba sumando mentalmente. Al final estalló. «*Collons*, te has tirado a un mito nacional, pero te ha costado un millón de pelas. Tú eres idiota, por ese precio tienes a veinte rusas de dieciocho años con el chichi bien fresco, y no el de esa vieja, porque es vieja, vieja.» Realmente C no era tan vieja, estaba estupenda. Lo que pasó en días sucesivos es fácil de imaginar. B contó a sus amigos la hazaña y la noticia se fue propagando por el lugar hasta que llegó a oídos de la mujer de B, quien se acercó con el mayor de sus hijos a exigirnos responsabilidades. A mí por habérsela presentado y a A por no haber sabido ejercer de hermano y proteger a la familia. Como A no estaba para historias, le echó la culpa a ella, a la mujer, por no haber evolucionado, por no haber sabido complacer a su marido en la cama. Y, lo definitivo, por llevar el mismo peinado que el día de la boda, treinta años atrás.

Hoy por hoy, A y B siguen siendo hermanos; A sigue con sus rusas, B ha olvidado el polvo con el mito; de D nunca más supe nada, de hecho, jamás supe quién era; C sigue madura, que no quiere decir que haya madurado; la esposa de B se ha cambiado de peinado. Y yo, aquí me tienen para lo que gusten mandar. Disfruten, que esto es muy corto. Y salgan con sus amigos, aunque no sepan quiénes son, ¿qué importa? Y diviértanse. Y sobre todo lean, que en la tele gritan mucho y ya no mola decir que ves los documentales de La 2.

Iniciales finales

Los cantantes de éxito, cuando regalan bises en sus conciertos, suelen dejar un amargo sabor de boca. Bien, no es exactamente eso, sino que dejan para el final, final, un tema triste, algo que les baje la adrenalina y no les lleve a pedir otra, otra, otra. Así que, en plan gran estrella, les dejo para el final una sopa de letras amarga que no les dejará pedir otra. Por razones más que obvias en esta ocasión la elección de suplantar nombres y apellidos por letras del alfabeto está más que justificada. Si la historia anterior era una anécdota divertida, un polvo sin segundas intenciones ni remordimientos de conciencia, este relato, real como la vida misma en los puntos a los que tuve acceso, es cruel. Retrata la ambición de los seres humanos, la osadía y el impudor de algunos, que pueden llegar a la crueldad para conseguir sus objetivos, que no son otros, la mayor parte de las veces, que hacerse ricos y ampliar horizontes... desde la casa que te acaban de robar. Por favor, pasen y lean.

Ésta es la historia de M y N. M es una chica dulce, rubia, delicada, enamoradiza, ingenua: vamos, está a punto de ser tonta. La salva de ello una madre potente que la metió en esto del cine porque la niña era mona, muy mona.

Era la chica ideal para que David Hamilton la incluyera en *Bilitis*, aquel filme ñoñón lleno de *flous* y adolescentes entre gasas y campos de trigo y otras especies ralentizadas que acababan poniéndote de los nervios porque nunca llegaban a nada. M era una chica así, nunca llegaba a nada, aunque era peligroso decirle que la querías. Se enamoraba a la primera y al primer encuentro se quedaba embarazada por amor y no por descuido, que es lo que suele suceder. M era un encanto, ya lo ven.

En cuanto a N, qué quieren que les diga. Tiene buena planta, no sabe lo que es el pudor y es capaz de cualquier cosa con tal de lograr sus objetivos, que no son otros que triunfar con la cuenta corriente: ¡sería terrible que estuviera en política! Más de una vez debe de haberse arrepentido de no haber descubierto que Marbella era el chollo que adivinó Julián Muñoz, que sin físico, ni talento, ni talante miren dónde llegó, previo paso por la cárcel, eso sí, pero sin soltar el dinero desaparecido de las arcas municipales de la ciudad de oro de la Costa del Sol, que a punto estuvo de dejarla en urbe de latón. N, con muchísimo mejor cuerpo, lo hubiera hecho mejor, no se hubiera interesado por Pantoja, mucho más lista que Muñoz, y sin concretar en físicos ni reparar en entrepiernas se hubiera divertido más. Y sin que nadie se hubiera enterado, que N es discreto como nadie y salvaguarda información de su entorno afectivo-económico-sentimental por la cuenta que le trae.

¡Ay, Dios mío, M y N! Qué curioso: sus iniciales

reales podrían remitirnos, casi, a un grupo de rock británico-australiano de los setenta. De hecho, si la tercera letra de su nombre no se hubiera adelantado una posición en las iniciales de ella, ahí estarían ellos, M y N, pero no. Por un pelo de nada.

En realidad no sé cómo se conocieron, pero ya me los vi juntos y revueltos. De hecho, sabía que N había dejado a su anterior pareja, un cantante de éxito, al descubrir que M era chica de posibles. También porque dar una imagen de macho de vez en cuando no viene tan mal. Y mientras el cantante engordaba, que se le ponía el trasero como un pan cada vez que la pareja lo dejaba, N siguió fresco y lozano, porque ya tenía nueva presa.

Así que se enrolló con M. Y ella se dejó querer. Se instalaron en una casa mientras el tío de M, que es constructor, le hacía otra mucho más grande en los alrededores de una gran ciudad. Casa que pagaba M, con tanto gasto que tuvo que aceptar un papel protagonista en una superproducción en el Lejano Oriente, de esas que pagan una millonada pero tardan, al menos ésa, casi un año en acabar. Entre nosotros, creo que el productor oriental se enamoró de M y alargaba la producción tanto como podía.

Mientras, M iba enviando dinero a casa, que controlaba (administrar no sé si sería la palabra adecuada en este caso) N, como pueden suponer.

A todo esto la película acabó. M volvió y se instaló en la casi acabada mansión en la que ya mandaba N a todos los efectos. Parecía que todo iba bien hasta que un día N le dijo a M que la quería y ella, zas, se quedó embarazada. Y ahí empezaron los problemas. Malas caras, disgustos a diario, insoportable convivencia, pero como ella no se quejó nunca, al menos de un modo oficial, no vamos a hablar de malos tratos.

M me llegó a contar una vez que, estando ya de siete meses, N la echaba de la cama a golpes llamándola gorda y otras sutilezas. La cosa se puso tan mal que M llamó a su madre para que viviera con ellos. La mamá de M es tremenda, pero ni aun así: N pudo con las dos y logró que se fueran de casa..., de su casa, que ya era casa de N porque había cambiado los papeles de nombre. Además ellas habían abandonado el hogar... una joya de chico este N, vamos.

Sin novio y sin casa, no ganaba para sustos la pobre M. Para más inri, N tardó meses, tal vez años —no recuerdo—, en reconocer a la hija como suya y «denuncia, que pleitos tengas y los ganes». Así se quedó N, que pronto tuvo además el corazón ocupado por un hombre de teatro, muy, pero que muy influyente, que le prometió el oro y el moro. Y seguro que lo tenía, porque el caballero sabía de los modos y maneras, con que solía zanjar un asunto de mentiras de ese tipo, que no estaba para perder el tiempo el caballero.

Pasaron los años, y tanto M como N arreglaron sus vidas. N siguió procreando, porque tuvo a una mujer después del escénico, y M tuvo otra pareja que le dijo te quiero y ella, zas de nuevo, embarazada. Este nuevo papá salió rana otra vez, y no fue hasta el siguiente, con quien tuvo otro hijo, que la vida de M se arregló. Pero la felicidad nunca es completa y un dramático suceso volvió a reunir a M con N. Lo lloraron por separado, de cara a la prensa N con su pareja del momento, una oxigenada rubia, llorando mientras arrastraba la maleta, que es de lo más *cool* llorar recién llegada del aeropuerto. M lloró apoyada en su marido, hablando sólo con sus amigos y familiares.

Después les perdí la pista. Alguien me ha dicho que a M le va bien y a N mejor, y que incluso tiene amplias miras de futuro. Pues qué bien, y que el cielo le juzgue.

Y ya está, supongo que entre tanta inicial y con tanto drama no les han quedado ganas de pedir otro bis. No insistan, que puede ser peor. Sigan pensando quién es C y distráiganse, que esto es breve. Y recuerden los consejos del padre Peyton, el televisivo del rosario en familia: siempre alegres para hacer felices a los demás. Sobre todo a N. ¿Tampoco han adivinado?

Índice onomástico

R

S